中國學術思想研究輯刊

十 編

林慶彰 主編

第9冊

莊子學述

莊萬壽 著

花木蘭文化出版社

國家圖書館出版品預行編目資料

莊子學述／莊萬壽 著 — 初版 — 台北縣永和市：花木蘭文化
出版社，2010〔民 99〕
序 4+ 目 2+162 面；19×26 公分
（中國學術思想研究輯刊 十編：第 9 冊）
ISBN：978-986-254-338-2（精裝）
1.（周）莊周　2. 莊子　3. 學術思想　4. 研究考訂
121.337　　　　　　　　　　　　　　　　　99016449

ISBN - 978-986-2543-38-2

9 789862 543382

中國學術思想研究輯刊
十 編 第九冊　　　　　ISBN：978-986-254-338-2

莊子學述

作　　者　莊萬壽
主　　編　林慶彰
總 編 輯　杜潔祥
出　　版　花木蘭文化出版社
發 行 所　花木蘭文化出版社
發 行 人　高小娟
聯絡地址　台北縣永和市中正路五九五號七樓之三
　　　　　電話：02-2923-1455／傳眞：02-2923-1452
網　　址　http://www.huamulan.tw 信箱 sut81518@ms59.hinet.net
印　　刷　普羅文化出版廣告事業
封面設計　劉開工作室
初　　版　2010 年 9 月
定　　價　十編 40 冊（精裝）新台幣 62,000 元

莊子學述

莊萬壽　著

作者簡介

　　莊萬壽　現任長榮大學講座教授。

　　1939 年生於台灣鹿港。十八歲開始讀莊子，習作古文、詩詞，有志於中國思想史、文學史之研究。畢業於台灣師大國文所。曾任台師大國文系教授、人文中心主任、師大學報編委兼執行編輯 。日本京都大學外國人招聘教授、韓國啟明大學客員教授、東京大學研究員。長期研究先秦、六朝、隋唐具有批判傳統封建思想的專書。稍後擴及對台灣文化思想的論述，曾創設台師大台灣文化文學研究所及長榮大學台灣研究所。前後擔任台北市長文教顧問、行政院公投委員、教育部漢學指導會委員、國語會委員、報社主筆、台教會會長。著有《莊子學述》、《列子讀本》、《嵇康研究年譜》、《莊子史論》、《道教史論》、《史通通論》、《台灣論》、《中國論》、《台灣文化論》等書。

提　　要

1. 重新考證莊周生卒年代為 B.C.372-300，並繫以年表。而以為莊書是從戰國末至漢初的莊子學派之論述總集，打破內、外、雜篇不同價值的偏見。
2. 全面挖掘六朝《莊子》學著作，並認為郭象未竊向秀《莊子注》。並為六朝莊子學提供研究文獻與引導研究方向。
3. 學術上首次全面考證莊書三十三篇各篇的作者及其時代。肯定〈盜跖〉〈胠篋〉諸篇思想史價值。
4. 以現代學術方法與分類，論述莊子思想與文學，並較早的探討莊子與存在主義關係。
5. 本書原出於《台灣師大國文所集刊第 14 號‧1969》的單行本。新版另附有關〈莊子內篇思想體系之研究〉、〈史記老莊申韓合傳〉兩文。此外，作者另有《莊子史論》一書可作參考。

目

次

新版自序

自　序

第一章　莊子人物考 ……………………………………………… 1

　　第一節　姓名鄉里考 ………………………………………… 1

　　第二節　生卒年代考 ………………………………………… 5

　　第三節　大事年表 …………………………………………… 12

　　第四節　處世風範 …………………………………………… 14

第二章　莊子著作考 ……………………………………………… 17

　　第一節　淮南王門客始輯莊子考 …………………………… 17

　　第二節　內外雜篇分篇考 …………………………………… 19

　　第三節　釋文序錄引書考 …………………………………… 24

　　第四節　郭象未竊向秀注考辨 ……………………………… 28

　　第五節　篇章移易考 ………………………………………… 34

　　第六節　釋文序錄外之六朝莊子專著 ……………………… 36

　　第七節　莊子音義引書考 …………………………………… 39

　　第八節　莊子篇目與佚篇佚文考 …………………………… 46

　　第九節　現存莊子版本 ……………………………………… 48

　　附　莊子版本源流略圖 ……………………………………… 52

第三章　莊子各篇作者及時代考 ………………………………… 53

　　第一節　古書辨偽之態度 …………………………………… 53

第二節　內篇著作時代 ……………………………… 54

第三節　外篇作者及時代考 ………………………… 60

第四節　雜篇之作者及時代考 ……………………… 72

第四章　莊子之思想 ………………………………… 87

第一節　莊子思想之時代體認 ……………………… 87

第二節　形上學 ……………………………………… 88

第三節　知識論 ……………………………………… 93

第四節　人生觀 ……………………………………… 96

第五節　政治觀 ……………………………………… 102

附：莊子與存在主義 ……………………………… 104

第五章　莊子之文學 ………………………………… 109

上、文學理論 ………………………………………… 109

第一節　創造論 ……………………………………… 109

第二節　方法論 ……………………………………… 111

第三節　藝術論 ……………………………………… 114

下、文學表現 ………………………………………… 117

第一節　莊子文章風格之形成 ……………………… 117

第二節　文體 ………………………………………… 120

第三節　寫作方法 …………………………………… 125

重要參考書目 ………………………………………… 133

附　錄

附錄一　莊子內篇思想體系之研究 ………………… 137

附錄二　史記老莊與申韓合傳之探源 ……………… 151

後　記 ………………………………………………… 161

《莊子學述》新版自序

長榮大學講座教授　莊萬壽

壹

重閱當年駢儷的「自序」，那正是紈綺年少、賣弄文藻的時代。從高二起就愛寫文言，大學更陷於四六文而難以自拔。研究所論文規定要寫文言，雖得其所哉，卻困住我欲圖奮進的思維而不自知。回首悠悠，已逾四十個春秋了。

十八歲，買了《白話莊子讀本》（葉玉麟），也許是因同姓好奇而開始了不解之緣，大學發表兩篇《莊子》的論文，研究所順勢的自己選擇了《莊子》，爲全面了解莊書，寫了這本《莊子學述》。其後在台灣師大教「莊子」二十餘年，退休有幸又在長榮大學教過一、二年的「莊子與自然生態」。如今，我知道自己的基因與「莊周」的漢姓無涉，然而我更愛《莊子》書，由衷的說：《莊子》是人類思想的瓌寶，東方文化批判與生態學的祖師。我後來的許多與莊子有關的見解，和研究教學的心得，見於已出版的《道家史論》、《莊子史論》（萬卷樓出版）兩書。

貳

過去年少時，讀莊都是浮光掠影的跳躍，要學術研究就必須紮實的來面對《莊子》全書的文本，一篇篇，一句句都不放過，先探討其人其書，而後思想、文學。跨越近半個世紀《莊子學述》，如果還有價值的話，主要是對《莊子》書的考証與析論，略述如下：

1. 重新考証莊周生卒年代爲 B.C.372-300，並繫以年表。而以爲莊書是從戰國至漢初的莊子學派之論述總集，應打破內、外、雜篇不同價值的

偏見。

2. 全面挖掘六朝《莊子》學的著作，並認爲郭象未竊向秀《莊子注》。並爲六朝莊子學提供研究文獻與引導研究方向。

3. 學術上首次考証莊書三十三篇各篇的作者及其時代。不久，即被「中某書局」出版的一本先秦道家的著作，整段的抄襲，記憶猶新。

4. 《莊子》是總集，包括不同時空的文本，本書在有限的篇幅中，以現代學術方法與分類，探討莊子思想、文學，雖只能提綱挈領，點到爲止。不過在追尋作者及其時代時，每每是依文本的思想、文學特色來推敲。如〈盜跖〉篇的「湯放其主，武王殺紂」「強陵弱，眾暴寡」以爲是中國疑古派的濫觴，我把〈盜跖〉與〈胠篋〉並稱爲「戰國能文的高手，文氣雄渾勁健，憤切激昂」，批王船山稱「其文鄙猥」，實不足取。而且評論了當時盛行的存在主義與莊子的關係，惟見解可能不成熟。

參

《莊子學述》全只是我一人摸索之作，所賴的是我先前所積累的博覽與撰述的經驗。同時，又是成爲延續我一生漢學研究的方法與方向之指標。

1. 個人爲學興趣多方，就思想史研究而言，從不做無根的詮釋，一定要由人物的時代、書的成分、版本的流傳入手，作爲下層基礎，然後再建築上層形而上的結構。這從《莊子學述》到最近出版的《史通通論》；皆是一貫的精神。

2. 《莊子學述》之後，我寫卑微的「農家」，以及被忽略的《列子》，我認爲《列子》是《莊子》五十二篇本的殘本。之後研究嵇康、劉知幾這是中國反孔儒、非聖賢的非主流學，具有自由、多元、開放、疑古的批判封建禮教的思想，而《莊子》正是這一股力量的開創者，其後一脈相承的思想與西方民主思潮的結合，成爲現代五四的精神，這種批判精神乃是我一生漢學研究的核心價值。

新版《莊子學述》後附兩篇大學時代發表於台灣師大國文系系刊《文風》的兩篇論文：附一〈莊子內篇思想體系之研究〉，附二〈史記老莊與申韓合傳之探源〉以供參考。最後感謝花木蘭文化出版社重印，使本書得以流傳廣遠。

莊萬壽寫於 2010 年 2 月 5 日凌晨 2 時白內障開刀日

自　序

　　周道式微，蕭牆啓釁。黔黎流離，河嶽沈淖。故老聃以清靜無爲是務，莊周以逍遙齊物爲宗，咸有感於時弊披諸翰藻者也。夫莊學，叔季之學也。始盛於曹魏，粲然於兩晉，自司馬彪崔譔以降，治莊之篇什，不可屈指數。而徵實析微，考音辨句，斐然可觀者，斯唯有清一朝。鼎革而後，西學東漸，掘義新穎，校字精審，又往往突軼前人。然諸子之成書，未有出於一手也。往哲敷采，或誤漆園爲方士；今賢振辭，或視武夫爲美玉，蓋以墜簡駁雜，不辨眞僞之故耳。

　　予出筆門，時際顛覆，欲研讀老莊，直尋亂世之源；博習諸子，下通百代之學。逮遊高庠，飫聞緒論，更不敢旦夕稍廢斯業矣，唯曩昔陳卷，久棄糟粕；近歲札記，亦乏善端。特以治莊之時彥，多述義理思想，鮮考其人其書，爰秉師命，博采眾說，詳覈史故，窮生涯之鴻跡，纘垂籍之遺緒。群言可從，何敢隱名掠美；鄙見雖陋，或堪窾窾備說。於是復剖散篇章，考證作者，然後莊書思想之嬗變條理昭然，文獻明矣，則闡發義理，縷敘辭章，揣本而達末，濬源而清流，庶幾冥合千古之前修於萬一也。

　　初予擬文十章，以時力之莫逮，但都爲五章，曰莊子學述，若假以年月，當奮螳臂之勇，效駑馬之勤，以緒其事也，今稿戢事，方寸惴慄，蓋以櫟社之樹，不鳴之雁，讀莊十稔，如是而己，固賴大方之家，以解一曲之蔽也。

歲次己酉（1969）孟夏晦日莊萬壽識

第一章　莊子人物考

　　莊子其人雖無老子之恍惚迷離，亦是杳然難考，較可信之文獻，唯《莊子》本書與《史記》本傳耳。《史記》卷六十三《老莊申韓列傳》曰：

> 莊子者，蒙人也。名周，周嘗爲蒙漆園吏，與梁惠王齊宣王同時，其學無所不闚，然其要本歸於老子之言，故其著書十餘萬言，大抵率寓言也，作〈漁父〉〈盜跖〉〈胠篋〉，以詆訿孔子之徒，以明老子之術，〈畏累虛〉〈亢桑子〉之屬，皆空語無事實，然善屬書離辭，指事類情，用剽剝儒墨，雖當世宿學，不能自解免也，其言洸洋自恣以適己，故自王公大人不能器之。楚威王聞莊周賢，使使厚幣迎之，許以爲相，莊周笑謂楚使者曰：「千金，重利；卿相，尊位也。子獨不見郊祭之犧牛乎？養食之數歲，衣以文繡，以入太廟，當是之時，雖欲爲孤豚，豈可得乎？子亟去，無污我！我寧游戲污瀆之中自快，無爲有國者所羈，終身不仕，以快吾志焉。」

大史公作傳所據之《莊子》資料，爲其時得見未成帙之散篇，而以其中多寓言，故取材謹嚴，不敢遽下具體賅詳之言。（見第二、三章）

第一節　姓名鄉里考

一、姓　莊

　　老子姓氏，眾說莫一；莊子姓莊，向無異議。《通志・氏族略》曰：「莊氏，芈姓，楚莊王之後，以諡爲氏，楚有大儒莊周，六國時常爲蒙漆園吏，

著書號《莊子》，齊有莊賈，周有莊辛。」《資治通鑑》卷三胡三省注曰：「莊姓有出於宋者，《左傳》所謂戴武莊之族是也；有出於楚者，楚莊王之後莊蹻是也，齊之莊暴，楚之莊辛，蒙之莊周，與此莊豹（周赧王元年秦所虜之趙將），其時適相先後，莫能審其所自出。」按姓與氏不同，《左傳》所謂「天子建德，因生以賜姓，胙之土以命之氏」（隱公八年）是也。《通志》云莊為氏，屬羋姓，蓋楚莊為季連之後，故姓羋也，三代以降，姓氏遂不分別，莊雖氏亦姓矣。二書皆以莊起於楚莊之諡，然莊姜亦以君夫衛莊公之諡為氏（隱三年），考古諸侯妻姓名多以夫諡加本姓，《左傳》鄭武公取於申曰武姜，晉懷公取於秦曰懷嬴，莊姜蓋取於齊者也。此制周初已有之，金文頌鼎（恭王時器）曰：「皇母龏始」（恭姒），亦是此例。尋周室及世系可考之諸侯，未嘗不以莊為諡，而獨謂出於楚莊者，以莊氏多楚人也。莊蹻（《史記》、《荀子》《韓非子》《呂氏春秋》）莊辛（《國策》）楚人也。莊舄（《史記》）越人仕楚者也。《史記·西南夷列傳》曰：「莊蹻者，故楚莊王之苗裔也。」《索隱》：「楚莊王弟為盜者。」《呂覽·介立篇》高注：「楚成王之大盜」。知蹻為楚莊之後，尚屬可疑。

胡三省又謂出於宋，為莊族之後。按《左傳》宋有戴、武、宣、穆、莊（莊十二年）襄（文七年）桓（文十八年）之族，即戴武諸公之子孫也，然諸公之後，皆不以諡為氏，戴族有華氏樂氏老氏皇氏，桓族有魚氏向氏，莊族則為仲氏，則莊氏似亦非出於宋莊，特以《左傳》宋有莊朝（襄十七年）莊董（昭廿一年），故胡氏以為出於莊族。

由是觀之，莊氏不必出於楚莊宋莊，謂出於諡號可也。先秦多以莊為諡，除天子諸侯外，士大夫多用之，若魏莊子、韓莊子、孟莊子是也。大抵莊氏在南方楚宋之域，莊周先世諒亦在此境內，則莊子思想之先天環境實受南方影響。

《漢書·古今人表》避明帝諱作嚴周。

二、名　周

《莊子》本書及《史記》本傳皆僅作名周，唯唐陸德明〈經典釋文序錄〉注：「太史公云字子休。」成玄英〈莊子序〉亦作字子休。按先秦書未見莊子有字子休者。「周」字職流切，照母尤韻。「子」即里切，精母。「休」許尤切，尤韻。正齒音照母乃由齒頭音精母所變，則「子休」正是「周」字切語，或

是六朝《史記》有以「子休反」注「周」字之音，後遺其「反」字，而入正文，乃加「字」字而誤。

三、宋　人

《史記》本傳曰：「蒙人也。」《索隱》曰：「劉向《別錄》云宋之蒙人也」。《淮南子‧修務訓》高誘注：「宋蒙縣人也」，張衡〈髑髏賦〉曰：「吾宋人也，姓莊名周」。《左傳》莊子十二年曰：「宋萬弒閔公于蒙澤。」杜預注曰：「宋地也，梁國有蒙縣。」則莊子爲戰國時宋之蒙人自無可疑。

馬敍倫《莊子年表》附〈莊子宋人考〉言漢人皆以莊子爲宋人，獨《史記‧集解》引《地理志》曰梁國蒙人，似有二義，而詳爲辨證。

按《呂氏春秋‧有始篇》曰：「宋之孟諸。」高誘注：「孟諸在梁國睢陽之東南。」孟諸，蒙澤也。在先秦爲宋國，在漢爲梁國。《史記》本傳《集解》曰：「駰案《地理志》蒙縣屬梁國。」既引《漢書‧地理志》，則梁國當是漢劉武之梁，非梁惠王之梁也。《釋文》序錄曰：「梁國蒙縣人也」即本此。《左傳》杜注尤爲明確，以蒙於戰國屬宋國，入漢晉屬梁國，故馬敍倫〈莊子宋人考〉曰：「蒙即《左傳》蒙澤，……惟宋亡後，魏楚與齊爭宋地。或蒙入於楚，楚置爲蒙縣，漢則屬於梁國與？莊子之卒，蓋在宋之將亡，則當爲宋人也。」蒙入於楚，故有誤莊子爲楚人者。

蒙縣非今安徽之蒙城，乃蒙澤之地也。《水經‧汳水注》曰：「汳水又東，逕蒙縣故城北。俗謂之小蒙城也。《西征記》：城在汳水南十五六里，即莊周之本邑也，爲蒙之漆園吏。郭景純所謂漆園有傲吏者也，悼惠施之沒，杜門於此邑矣。」汳水於蒙縣北，復出有獲水。獲水注曰：「東南流逕於蒙澤，宋萬……殺閔公於斯澤矣。……獲水又東，逕虞縣故城北，古虞國也。」《太平寰宇記》曰：「蒙澤在今河南商邱縣東北三十五里。」竹添光鴻《左傳會箋》曰：「今河南歸德府商邱縣北有蒙澤，莊子蒙人即此地。」按商邱在河南省，近魯蘇皖三省之交，蒙即在商邱東北，界於虞城之間。

漆園一地，前人向未詳考，《西征記》曰：「蒙之漆園」。《史記正義》曰：「《括地志》云：『漆園故城在曹州冤句縣北十七里。』此云莊周爲漆園吏即此。按其城古屬蒙縣。」後人遂誤以爲漆園在蒙城之中（如郎擎霄《莊子學案》）。壽按漆園與蒙相去甚遠，戰國上葉似非屬蒙地。《釋文》序錄曰：「莊子者……梁國蒙縣人也。六國時，爲漆園吏。」則漆園非蒙地也。而《括地

志》復已明謂曹州，其非蒙也明矣。果是，則《史記》所謂「蒙漆園吏」者，似有未諦，今詳考如下：

冤句，又謂宛朐，漢景帝封楚元王子執爲宛朐侯。《漢書・地理志》濟陰（定陶）郡有冤句縣。《太平寰宇記》曰：「漆園城在冤句北五十里，舊嘗置監，城北有莊周釣魚臺。」按冤句在南北濟水之間，《水經・濟水》曰：「南濟東過冤朐縣南，又東過定陶縣南。」又注曰：「北濟又東北逕冤朐縣故城北，又東北逕定陶縣故城北」是也。則冤朐縣在定陶縣之西南也。定陶之東，即古之菏澤，《水經・濟水》注曰：「菏水分濟於定陶東北，……東南逕乘氏縣故城南縣。即春秋之乘丘也。故《地理風俗記》曰：『濟陰乘氏縣，故宋丘邑也』。《郡國志》曰：『乘氏有泗水。』此乃菏澤也。」《書・禹貢》曰：「導菏澤，被孟豬。」《漢書・地理志》注曰：「《禹貢》菏澤在定陶東。」乘縣在鉅野西南，正是定陶之東。菏水爲濟水支流，瀦城菏澤（今山東菏澤縣在其西），東南流入泗水。菏澤古水道與孟豬相通，《禹貢錐指》引金履祥曰：「自菏澤至孟瀦，凡一百四十里，二水舊本相通。」

北濟至定陶東北又與濮水合，濮水承濟水於封丘縣，東北流至滑縣南與酸水合。《水經・濟水》注曰：「酸瀆水東逕滑臺城（按滑縣治），又東南逕瓦亭（滑縣南），又東南會於濮，世謂之百尺溝。濮渠之側，有漆城。《竹書紀年》梁惠王十六年邯鄲伐衛，取漆富丘城之者也。或亦謂之宛濮亭，《春秋》『寧武子與衛人盟于宛濮』（按僖二十八年）。杜預曰：『長垣西南，近濮水也。』京相璠曰：『衛地也，似非關究，而不知其所』。」按宛濮是否與漆城爲一地，尚不可考，唯漆城既在滑縣東南會濮水之處，當在長明之西北，長明在定陶之西，冤句在定陶之西南。漆園又在冤句之北，則漆城似當爲莊子之漆園也。《一統志》云：「莊周墓在東明縣，東北有漆園城」，或即爲此地。《莊子・秋水篇》：「莊子釣於濮水」，漆城正在濮水之側，然則楚聘於莊子爲漆園吏之時乎？其地春秋或屬曹國（近衛），周敬王卅三年（前 487 年）宋滅曹，（故《括地志》曰：在曹州）漆城或歸宋矣。（其東之菏澤，《地理風俗記》已明謂宋地），成疏：「屬東郡，今濮陽縣是也」是指濮水流經濮陽也。《釋文》曰：「陳地水也」（日本兒島獻吉郎《諸子百家考》從之）乃《水經・渠水》注「沙水又東分二水」，即《春秋》所謂「夷濮之水也」之濮水也。在南陳地，近楚。若楚聘於濮水，則以此水爲近，然終乏證據。他若傳安徽定遠有漆園，亦屬傳聞。《一統志》云：「周墓在東明縣」，雖近漆城，其墓必僞，古人墓多附會，

而《寰宇記》之釣魚臺亦不可信。

以上知莊周或係生於蒙，或先世在蒙，蒙接於蒙澤（孟諸），即禹貢之孟豬澤，在商邱之東。周於漆園為小吏，漆園在濮水之濱，即蒙城之西北方位，二地之間川澤羅列，周好山川，必時留跡。《淮南子・齊俗訓》：「惠子從車百乘，以過孟諸，莊子見之，棄其餘魚。」即蒙澤也。惠子為魏相達二十年，莊惠過從既密，復蒙漆與魏東西相壤，則知頗得地理上之方便。

漆園或為漆城之異名，或為漆城之園圃，殆不可考。後人每謂周為園吏或蒙吏，蓋省其稱耳。唯二解似以後解為善。莊書載莊生多山林之遊，若雕陵之樊是也。〈山木篇〉曰：「虞人逐而誶之，莊周反入，三月不庭。」立即反入，似周之庭亦近雕陵，或漆城之園猶雕陵之樊，然則莊生之為園吏亦猶雕陵之虞人乎？

第二節　生卒年代考

民國肇造，考風大熾，莊子生卒年代，學者考證甚夥，然以莊書多寓言，諸家取捨不一，所得年代自異。

1. 胡適曰：「大概他死時當在西曆紀元前 275 年左右。」（《中國哲學史大綱》）。

2. 黃方剛曰：《莊子・秋水篇》載公孫龍與魏牟談及莊子之學，魏牟極稱道莊子，夫以晚輩之公孫龍而得列名于莊子之書中，足知莊子之壽必甚長也。」（《老子年代之考證》《古史辨》第四冊）。

3. 馬敘倫曰：「周之生，在魏文侯武侯之世，最晚當在魏惠王初年。……本書載宋王事，皆在其國彊暴甚之際，亦適當趙文王時，意周不及見宋之亡者。」（《莊子年表》，《莊子義證》）。

4. 錢穆曰：「惠施卒在魏襄王九年前，若威王末年莊子年三十，則至是年四十九。若威王元年莊子年三十，則至是年六十。以此上推莊子生年當在周顯王元年十年間，若以得壽八十計，則其卒在周赧王二十六年至三十六年間也。」（《先秦諸子繫年考辨》八八）。

5. 胡哲敷曰：「吾以為莊子之生，當在紀元前 380 年左右，則梁惠王齊宣王之世，及楚使來聘之時，均為莊子壯盛之年，於事或較近理，而終於宋亡之際（西元前 286 年）莊子為九十歲左右的人，於理亦無不合。」

（《老莊哲學》）。

6. 葉國慶曰：「他的朋友惠施做惠王相，他及看見……惠施何時做梁相呢？……必在中山君相後，張儀相前，紀元前 343 年至 322 年之二十年間……假定中間 330 年莊子年三十，又假定他壽七十歲，則莊子約生于紀前元 360 年左右，卒于 290 年左右。」（《莊子研究》）。

以上胡適語焉不詳，缺乏論證。黃氏以公孫龍得列莊子書中推知莊子壽甚長，是誤〈秋水篇〉為莊子自著也。馬氏考之最詳，而略有失誤，胡哲敷曰：「馬氏既認致楚聘必已三四十歲，而又把他生的時間性，放寬至五六十年（自文侯元年至惠王十年計六十四年），蓋彼以齊宣王元年，為梁惠王九年（馬君所列年表不誤此處恐係大意）相差二十年，故計算上不免舛訛，然亦不應把生的時間性，放寬至五六十年。《年表》『莊子之卒，蓋在宋之將亡』則莊子享年為百二十歲，恐未必有如此高壽吧？」按馬氏以《莊子》諸篇之有關資料，多信以為真，故失之於博濫。錢氏之假設以楚威王元年或末（十一）年莊子年三十為準，威王聘莊子不知何年，若末年莊子年三十，而在初年所聘，則莊子年僅二十許，年豈非太輕？胡氏雖修正馬氏之說，然仍泥於其莊子卒於宋之將亡之說，所謂「宋王皆在其國強暴甚之際」者，實乏確據。而年九十左右，亦失之於太長。吾國學術界有一大患，史傳古人之壽，皆信其長，七十以上者不可勝數，此殆受文獻渺茫及神仙思想所影響，依今日科學家研究，數千年前人類壽命不如今日甚遠，長壽者蓋寡，人生七十古來稀，焉是誣邪。葉氏說較合理，雖假定公元前 330 年莊子年三十，則楚威王元年（前 339 年）莊子年始十九，十一年（前 329 年）年二十九，年亦太小。

綜述上端，竊以為資料不全而欲研究其問題（諸子亦然）之觀點有三：

（一）資料不全，必尋無數孤立之旁證，而賴「假設」以聯繫之，始能推演其結論，故理論上結論乃建立於若干環結之假設，單一「假設」成功之百分比雖高，必不能滿分（因文獻不可能全部復活），而所有諸不能滿分之「假設」之總積，其成功率必大為降低。實際上此長串之連環，中間任一結失敗，則全環盡棄。此為方法上難可避免之缺憾也。

（二）《莊子》寓言十九，以謬悠之說，荒唐之言，无端崖之辭，說不必盡信，意不必全真，故莊書舉人格化之人（即有真之人假之人）三百餘，皆是莊子一派人（莊書全體作者）手中之玩偶，表達義理之工具。寄以人名，則黃帝伏戲是也；賜之鬼名，則洸陽罔象是也，人名有傳聞之人、歷史之人，皆不必

真信其事，然吾人考此人名出現於莊書，殆亦非偶然，必經當時史料或傳聞而來，復由作者改寫或曲解，或其人其事重新組合。則欲擷取莊書稍可信之資料，必待嚴判然後可，有一目即知其偽者，若陸德明成玄英已屢舉其時間上之謬誤，如莊子見魯哀公，孔子見孫叔敖是也。然亦必有時間上之誤合，此吾人雖考亦不知，甚或不免於郢書燕說之過也。是以須知文獻不足，非力不足也。

（三）處理資料既有此失，則可以棄而不論乎？曰不可。事實存在而不明確，斷不能自掩耳目以為無，應於不盡善美之文獻中，求其最高極限之真。求真之過程，難免假設，唯須兼顧全局，不可掛萬漏一，尤不可先妄立一理想之標準，而後削足以適履。於其所不知，蓋闕如也。

今分項考莊子生卒之年代如下：

一、史記本傳

素來學者咸信《史記》所載二事，並以為推演莊子生卒之基本年代：

1. 莊子與梁惠王齊宣王同時。梁惠王即魏惠王罃。在位五十二年（《史記·魏世家》集解：「案《太史公書》惠成王但言惠王，惠王子曰襄王，襄王子曰哀王，惠王三十六年卒，襄王立十六年卒，并惠襄為五十二年，今案古文惠成王立三十六年改元稱一年，改元後十七年卒，《太史公書》為誤分惠成之世以為二王之年數也。」按問題甚多，今從竹書紀年惠王分前後元。）自周烈王六年至慎靚王二年（公元前 370 年至 319 年）。齊宣王在位十九年（依《史記》）自周顯王二十七年至四十五年（前 342 至 324 年）原則上自公元前 370 年至 319 年，五十二年間莊子可能在世。

2. 楚威王許莊周為相。威王在位十一年，自周顯王三十年至四〇年（前 339 年至 329 年），即其間莊子之才學盛名，足為楚聘。

近人錢穆獨持異議，以為楚所聘者為莊辛，非莊周。其意以為《國策·楚策》有「莊辛謂楚襄王」，《韓非子·喻老篇》有「楚莊王欲伐越，莊子諫」，莊子即為莊辛，襄王（頃襄王）又稱莊王，即春秋戰國各有楚莊王（《先秦諸子繫年考辨》）。壽按韓非子校勘尚未明確，《荀子·議兵篇》楊倞注引「楚王」無莊字，王先慎以為威王。「莊子曰」原乾道本作「杜子曰」，乃王氏依楊倞注改。《文選》劉孝標〈廣絕交論〉注引作「莊周子謂楚莊王曰」。則楚王未必為莊王，莊子未必為莊辛，故馬敘倫《莊子年表》即將楚莊王作楚威王，莊子以為莊周。

此因同一不明之史料，而致有二解之弊。馬氏縱不能成立，錢氏亦未必爲是。

復考聘楚之事，見《史記》外，尚有《莊子‧秋水篇》及〈列禦寇篇〉（未言楚），《文選》鮑照〈擬古詩〉注引《韓詩外傳》曰：「楚襄王遣使者持金千斤白璧百雙，聘莊子以爲相，莊子不許。」《太平御覽》四七四引《外傳》曰：「楚襄王遣使持金千斤，白璧百雙聘莊子欲以爲相，莊子曰：『獨不見太廟之牲乎……』」此爲《韓詩外傳》之佚文，尚可見於《文選》謝希逸〈月賦〉注引，《藝文類聚》八十三引，《初學記》二十七引，諸條字句雖略有差異，而皆作楚襄王，諒《外傳》原本已然，至若「持金千斤白璧百雙」不見今本《莊子》，或《外傳》本於漢初《莊子》散篇，《外傳》所以作襄王者，蓋《莊子》不明作楚威王，而作楚王，致傳誤耳。唯黃震疑之曰：「楚聘莊周爲相，史無其事。凡方外橫議之士，多自誇時君聘我爲相而逃之。其爲寓言未可知。又時君尚攻戰權術，未必有禮聘之事，雖孟子於梁齊，亦聞其好士而往說之，非聘也。縱其聘之，何至預名爲相而聘之？」（《黃氏日鈔》）蓋資料不能推出絕對之必然，仍不免有人生其疑寶。然實不足以翻威王聘周之說，錢氏說是莊辛，孤證尤爲脆弱。

二、莊子本書

就惠施、公孫龍、宋元君與莊周之關係，以衍推其年代。

（一）惠　施

莊子與惠施相交，亦爲學者所公認者。《莊子》書中，莊惠相交相談有十處之多。〈逍遙遊篇〉之「惠子曰魏王貽我大瓠之種」，及「惠子曰吾有大樹」。〈德充符篇〉之「惠子曰人故无情乎」。〈秋水篇〉之「惠子相梁」，及「遊於濠梁之上」。〈至樂篇〉之「莊子妻死」。〈徐无鬼篇〉之「莊子曰射者」，及「莊子送葬」。〈外物篇〉之「惠子曰子言無用」。〈寓言篇〉之「莊子曰孔子行年六十而六十化」。其他單言惠子者不計。

以上可注意者，斯爲惠子相梁及莊子送葬過惠子之墓二事。〈秋水〉〈徐无鬼〉二篇雖非莊子自作，然二人相交既密，送葬之事極爲可能。

惠施之仕魏，他書備載之，《國策‧魏策》曰：「齊魏戰於馬陵，齊大勝魏，殺太子申。魏王召惠施而告之曰：『夫齊，寡人之讎也，怨之至死不忘。吾常欲悉起兵而攻之，如何？』惠子教以變服折節而朝齊。楚王大怒，自將伐齊，大

敗齊於徐州。」按魏敗於馬陵，在周顯王二十八年（惠王三十年，公元前 341 年），楚伐齊圍徐州在顯王三十六年（前 333 年）。《呂氏春秋・愛類篇》曰：「匡章謂惠施曰：『公之學去尊，今又王齊，何也？』惠子曰：『今有人於此，必擊其愛子之頭，而石可以代之，今王齊而壽黔首之命，是以石代愛子頭也。』」則魏惠王後元年（前 334 年）之魏齊會徐州相王事，乃惠施主謀。又按《史記・魏世家》惠王二十八年（前 343 年）中山君相魏。襄王十三年，實即惠王後元十三年（前 322 年）張儀相魏。由是知中山君相魏甚短，或不滿二歲。則惠施之相魏，似在惠王二十九年（前 342 年）。《楚策》曰：「張儀逐惠施於魏，惠子之楚，楚王受之。馮郝謂楚王曰：『逐惠子者，張儀也，而王親與約，是欺儀也。宋王之賢惠子，天下莫不聞，王不如納之於宋。』楚王乃奉惠子而納之宋。」則張儀乃代惠施而相魏也。去相之楚當在前 322 年。其後惠王卒（319 年），子襄王立（《史記》誤作襄王卒哀王立）張儀歸秦，惠施返魏，奔惠王之喪（《魏策》，《呂覽・開春篇》）。襄王元年（前 318 年）《楚策》曰：「五國伐秦，魏欲和，使惠施之楚」。五年（前 314 年）惠施又使趙。《趙策》云：「齊破燕，趙欲存之，令淖滑惠施之趙，請伐齊而存燕。」其後惠施不復見諸史冊矣，《史記・魏世家》曰：「哀王（按當爲襄王）九年，與秦會臨晉，張儀魏章皆歸于魏。魏相田需死，楚害張儀犀首薛公楚相昭魚謂蘇代曰：『……吾恐張儀犀首薛公有一人相魏者也。』」錢穆曰：「其言不及惠施，以施在魏地位言，猶高於三人，疑其時已先卒，然則惠施卒年殆在魏襄王五年使趙後，魏襄九年田需卒前。」若然，則惠施亡於公元前 310 年前。而莊子更在其後也。

　　《莊子》書可信之材料，大抵上述三項，至若與莊子交談之其他人物，雖有信以爲眞者，然皆不足據。今考辨如下：

（二）公孫龍

　　《莊子・秋水篇》曰：「公孫龍問於魏牟曰：『龍少學先王之道，長而明仁義之行，合同異，離堅白，然不然，可不可；困百家之知，窮眾口之辯；吾自以爲至達已。今吾聞莊子之言，汒焉異之，不知論之不及與，知之弗若與？今吾无所開吾喙，敢問其方？』」似公孫龍曾見莊子也。公孫龍是否及見莊子，爲先秦學術之一大公案，茲分述諸家之識如次：

1. 林雲銘曰：「無甚深旨，莊叟亦無貶人自譽至此，恐後人贗筆。」（《莊子因》）。

2. 姚鼐曰：「公孫龍與莊生時不相及，此其弟子所記耳。」（《莊子章義》）二人殆未深入研究，自胡適之語起，始啓喧然之大波。

3. 胡適曰：「公孫龍大概生於西曆前 325 年和 315 年之間，那時惠施已老了。公孫龍死時，當在前 250 年左右。……我以爲公孫龍決不能和惠施辯，又不在莊子之前，《莊子》書中所記公孫龍的話都是後人亂造的。《莊子‧天下篇》定是戰國末年人造的。〈天下篇〉並不曾明說公孫龍和惠施的辯論：『與惠施相應』的乃是一班『辯者』，又明說『桓團公孫龍』乃是『辯者之徒』，可見公孫龍不曾和惠施辯論。此文的『辯者』，乃是公孫龍的前輩，大概也是別墨一派。」（《中國哲學史大綱》卷上）

4. 梁啓超曰：「公孫龍爲平原君客，見《戰國策》《呂氏春秋》和《史記》，平原君相趙惠文王及孝成王，見《史記》本傳，趙惠文王以周赧王十七年即位，即以弟勝爲相，封平原君，見《六國表》，實西紀前 298 年，上距魏惠王之死二十一年耳，公孫龍當信陵君救趙破齊時前 257 年尙生存，見《戰國策》。假令龍其年八十歲，則當梁惠王死時，龍年已三十，況施之死在惠王後，而莊周之死又在施後耶，然則莊周上與惠施爲友，而下及見公孫龍之辯，更何足怪。胡氏不免過於武斷」。（《諸子考釋‧莊子天下篇釋義》）

5. 馬敘倫曰：「龍爲平原君客，平原君爲趙相，在惠文王時。本書亦有周見趙文王（〈說劍〉），是周於惠文王猶存，然前謂〈讓王〉至〈說劍〉四篇皆僞作，本書載莊子送葬，過惠子之墓，惠子以梁襄王十三年失相之楚（司馬遷誤以惠王三十六年更元爲卒，而以更元年至十六年爲襄王，多哀王一世，前儒依《竹書紀年》及《世本》正之是也）當趙武靈王之二十年，施未即死，假令死於十年內，即當於趙武靈惠文之間，是周得見趙文與公孫龍也。」（《莊子年表》）

6. 葉國慶曰：「我看〈齊物論〉及〈德充符〉明明載有「堅白」說，可見莊子及見公孫龍。公孫龍之政治活動，其見于史者，最早爲勸燕昭王偃兵事，當在西曆紀元前 280 年前，此時公孫龍既可參加政治運動，他的年紀當在三四十歲左右，是則公孫龍大約生于紀元前 320 年左右，莊子固及見之」。（《莊子研究》）

予初亦信公孫龍子得見莊子，覃思再三，以爲不然也。胡氏謂「公孫龍不在莊子之前」，語氣曖昧，「而不能與惠施辯」，則意是而證非，蔣伯潛辨之曰：

「辯者之徒……謂桓團公孫龍乃辯者一流人；惠施所曉，與惠施相應者，即公孫龍等也。胡氏誤解『辯者之徒』爲辯者之弟子或後學耳」（《諸子通考》）。梁氏欲延龍之壽以與莊生相接，假設龍八十餘，似不免有異鵲搏螳蜋之失。馬氏之誤有二：一誤說劍事爲眞。二《史記》梁襄王十三年，應即惠王後元十三年（前 322 年），當是趙武靈王四年。馬氏已注言之，然仍誤《史記》之襄王，爲惠王後元後之襄王（《史記》誤作哀王），致將莊惠之年延十六年，至前 306 年，馬氏復添壽十年，以成其下逮趙文王之理想。葉氏言內篇有堅白之說，即是公孫龍之學說似有未愜，《莊書》非不言龍，即使是指龍何不直舉其名，考內篇雖多出漆園之手筆，未必無後人之續貂或竄改，堅白之說亦恐非始公孫龍。《論語・陽貨篇》曰：「子曰：然，有是言也，不曰堅乎，磨而不磷；不曰白乎，涅而不緇。」（又《墨經》多堅白語，乃戰國末墨者駁公孫龍而發）王應麟《漢書藝文志考證》引呂東萊說：「告子彼長而我長之，彼白而我白之，斯言也，蓋堅白同異之祖。」《韓非子・外儲說》左上曰：「兒說，宋人善辨者也，持白馬非馬也。」《文選》陸士衡〈演連珠〉劉峻注曰：「倪惠以堅白爲辭。」錢穆曰：「公孫龍白馬非馬之論，殆自兒說啓之。」（《諸子考辨》）然則堅白之說，其來有自，非龍所專有也。退而以爲是，龍之堅白說得列莊生之竹帛，其與學術地位相稱之年歲必不小，則莊生仍不及見也，若依葉氏莊子生於前 360 年，至前 280 公孫龍思想成熟之時，年已八十，則〈齊物〉、〈德充符〉二篇著於此時乎？

　　竊以爲公孫龍問魏牟事，乃戰國末莊子嫡派學者所作，「百家」一詞但見於《荀子》及《莊子》之〈秋水〉、〈天下〉二篇（皆戰國末造之作），而於《史》《漢》二書特多，《孟子》以上群書未見。文中之「吾聞莊子之言」意亦必未見過。《呂氏春秋・應言篇》曰：「公孫龍說燕昭王以偃兵，昭王曰：『甚善』……曰：『日者大王欲破齊，諸天下之士，其欲破齊者，大王盡養之，其卒果破齊以爲功。今大王曰我甚欲偃兵，士之在大王之朝者，盡善用兵者也，臣是以知大王之弗爲也』。尋昭王二十八年（前 284 年）破齊，三十三年（前 279 年）卒，則龍之說昭王，必在此五年之中，上推惠施之卒，已歷三十年。又《史記・平原君列傳》曰：「邯鄲復存……虞卿欲以信陵君之存邯鄲爲平原君請封，公孫龍聞之，夜駕見平原君……及鄒衍過趙，言至道，乃絀公孫龍」。邯鄲之解圍在周赧王五十八年（前 257 年），後五年（前 252 年）平原君卒，則前 252 年之前龍尚在，去偃兵事亦三十年，若龍年七十，惠施卒時，僅約十歲，若年六十，則甫生耳。莊子年與惠子差無幾，自是不可能爲公孫龍所及見。〈秋水篇〉既

曰「少學」「長而」，則「今」必近中年矣，不及見周也明矣。

（三）宋元君

《莊子》凡三見：〈田子方篇〉〈徐无鬼篇〉〈外物篇〉。《釋文》曰：「宋元君，李（頤）云：元公也。案元公名佐，平公之子。」宋元公在魯昭公之世，在位十五年（前531至517年）。錢穆以《國策》、《呂覽》考宋元君乃王偃所置太子為王者，故稱元君亦稱元王。（《史記・龜策列傳》）時在楚懷王入秦，三晉攻秦之際。辨證甚為曲折（《諸子考辨》）。若然，宋元君為王之時在楚懷王三十年（前299），莊周尚及見之，則周於惠施之後尚活十載。唯事有不然者，一、宋元君將畫圖，眾史皆至，乃國君之勢，非太子也。二、莊子送葬謂從者之言，不必及見其人，傳聞可也。三、元君殺神龜，有孔子之論，是春秋，非戰國也。此三項理雖不直，而錢氏之假設，亦寧信其誣也。

由是觀之，莊子生卒較可信之年代，自魏惠王元年至襄王九年，即公元前370年至前310年，凡六十年。三國劉先主遺詔曰：「人五十不稱夭年，已六十有餘，何所復恨。」斯亦壽也，唯此六十年間必有伸縮，今先定楚聘之年，然後可推上下，楚威王在位十一年，其間任一年莊生皆應壯盛顯赫，且定威王元年莊子年三十；十一年王崩，年四十許，其生殆在魏惠王元年許（前370年），馬氏年表亦起於此時。其卒，暫定於惠施卒後之十年間，即前310年至前300年間，享年六十餘，公孫龍雖生，尚不能親聆莊叟之弘教也。

第三節　大事年表

莊周之世，社會巨變之大時代也。其人之思想言行，必不能脫離此時代而獨立，今以周之事蹟及時事為經，時代為緯，以睹聖賢豪傑之盛，縱橫征伐之烈。

公元前372	周列王四年，魯共公十一年。 孟軻生於鄒
公元前370	周烈王六年，魏惠王元年 莊周前後年生
公元前365	周顯王四年 越人三世弒其君，王子搜患之，逃乎丹穴。（《莊子・讓王》，依《戰國紀年》）。

公元前 361	周顯王八年，秦孝公元年 衛公孫鞅自魏入秦 宋牼生（依《先秦諸子繫年考辨》）。
公元前 357	周顯王十二年，齊威王元年 齊立稷下宮招致遊士，淳于髡遊稷下
公元前 355	周顯王十四年，楚宣王十五年 楚宣王朝諸侯，魯共公後至而酒薄，宣王怒欲辱之，共公辭而還，楚伐魯，魏遂不畏楚救趙而圍邯鄲。（《莊子·胠篋》，依《戰國紀年》）
公元前 351	周顯王十八年 韓以申不害爲相（依《史記·六國表》） 愼到田駢生（依《考辨》）
公元前 343	周顯王二十六年，魏惠王二十八年，楚宣王二十七年 中山君相魏（依《史記·魏世家》，〈六國表〉作顯王二十七年） 屈原生
公元前 342	周顯王二十七年，齊宣王元年（從《史記》） 惠施或前年相魏
公元前 341	周顯王二十八年，魏惠王三十年。 秦封衛鞅於商，號商君。 齊敗魏於馬陵，惠施教魏王變服折節朝齊。
公元前 339	周顯王三十年，楚威王元年。 莊周年或三十，楚許以爲相，周不許。
公元前 334	周顯王三十五年，魏惠王改元。 蘇秦爲縱約長。 魏齊會徐州相王。
公元前 333	周顯王三十六年 楚伐齊，圍徐州 秦以張儀爲客卿。
公元前 322	周顯王四十七年，魏惠王後元十三年。 張儀相魏。 惠施失相之楚。 孟軻見魏惠王，年五十一。
公元前 319	周愼靚王二年，魏惠王後元十七年。 魏惠王罃卒，張儀歸秦，惠施返魏。 孟軻去魏適齊。

公元前 318	周慎靚王三年，魏襄王元年。 惠施使楚。 孫臏卒（依《考辨》）。
公元前 316	周慎靚王五年。 燕王噲以國讓其相子之（《莊子‧秋水》）。 楚懷王因上官大夫讒疏屈原。
公元前 314	周赧王元年 惠施使趙
公元前 310	周赧王五年，齊湣王四年 惠施卒於此年前。 莊周年六十（李頤云與齊愍王同時） 田需張儀卒。 公孫龍生於此年前
公元前 300	周赧王十五年，魏襄王十五年，楚懷王二十九年 莊周或卒於此年前。 屈原為三閭大夫，使齊。

第四節　處世風範

　　莊子生卒年代略如上論，唯莊書中頗多言及莊周之行事，能否引為史實之問題，吾人以為宜承認其本質之思想，不承認其形式之故事，若無較可信之旁證，誠不能不以寓言視之，今列數端，以明莊生處世之風範。

一、生　活

　　莊子出世不塵，若為漆園吏，亦在糊口耳。或曾一時為吏旋即隱退亦未可知。其後楚來聘，莊子曰：「無為有國者所羈，終身不仕，以快吾志焉。」劉汝霖曰：「既已為吏，還說什麼終身不仕？」故以為「莊子是生於蒙，隱居於漆園，史記所載為吏的話，是錯的」（《周秦諸子考》）所言未審。終身不仕謂此後終身不仕也。

　　莊生之為吏或為掌山澤苑囿之虞人（園吏之解），或司文書之府吏，或主積倉廩之委吏。於衰歇宋國之僻鄉，其俸必薄。雖招徒授課（〈山木篇〉）亦

不改其窮。故以補大布之衣見魏王（〈山木篇〉），復貸粟於監河侯（〈外物篇〉）。諒莊叟必以貧窮終其一身。於諸子中最為困厄，與同時代之孟子後車數十乘，從者數百人，傳食諸侯，相去何啻天壤？

　　然終日遨遊山水，與林木鯈魚友，雖貧亦樂也。

二、憤　世

　　莊子得為吏，得為夫子（〈山木篇〉蘭且稱之為夫子），交通大國魏相惠施，而名彰諸侯，此在先秦之世，非貴族莫屬。周似是宋國之沒落王孫，宋為諸侯爭霸必經之津梁，烽火交熾，國困民瘠，故其身為高級知識分子閱歷必多，感受必深，發而為對社會諸現象之不滿，對文化傳統之懷疑，莊子斥曹商醫癰舐痔，極其鄙卑無恥之能事。而天下慕羶逐臭樂曹商之道者，又不知幾何？其在今日，又何不然？

　　是以知莊周胸臆之中，有一股憤世不平之氣，為後世學莊者言論激烈掊擊仁聖之先聲，（如〈胠篋篇〉〈盜跖篇〉）

三、曠　達

　　道家所以脫身於俗世之爭奪，求得客觀之寧靜，其自身必具有曠達開朗之心境，於物質之需求，得減至最少之程度。達觀故能置生死名利榮辱於度外，世人之一切足以憂患者，皆不及我也。莊子妻死，惠子弔之，〈至樂篇〉曰：「莊子則方箕踞鼓盆而歌。惠子曰：『與人居，長子老身，死不哭，亦足矣。又鼓盆而歌，不亦甚乎！』莊子曰：『不然。是其始死也，我獨何能无慨然，察其始而本无生，非徒无生也，而本无形；非徒无形也，而本无氣。雜乎芒芴之間，變而有氣，氣變而有形，形變而有生，今又變而之死，是相與為春秋冬夏四時行也。人且偃然寢於巨室，而我噭噭然隨而哭之，自以為不通乎命，故止也。』」芒芴之間，變而有氣，又變為無氣，生死之別，猶四時之運行。其始也無，其終也無，則何必慨然哭之。此在諸子生死觀中，確是超脫不凡。及周之將亡，弟子欲厚葬之亦作如是觀。〈列禦寇篇〉曰：

> 莊子將死，弟子欲厚葬之，莊子曰：「吾以天地為棺槨，以日月為連璧，星辰為珠璣，萬物為齎送。吾葬具豈不備邪？何以加此！」弟子曰：「吾恐烏鳶之食夫子也。」莊子曰：「在上為烏鳶食，在下為螻蟻食，奪彼與此，何其偏也。」

此不知否爲墨翟薄葬說所影響，然其旨言精神之絕對自由奔放，與萬物冥合爲一，凡世俗之憂慮，皆不足束縛吾心，生死既一，厚葬於我有何哉。此思想之發展形成魏晉人之放浪形骸，行屍走肉之大病。

第二章　莊子著作考

第一節　淮南王門客始輯莊子考

　　《史記・莊子列傳》云：「著書十餘萬言，大抵率寓言也。」此始言《莊子》書者也。其後著錄於《漢書・藝文志・道家》曰：「《莊子》五十二篇。」此《莊子》書於兩漢足以徵驗之僅有史料。夫道家清靜無爲之說，行於漢初，影響政治社會不爲不鉅，何獨盛言黃老，鮮聞老莊（始見於《淮南要略》）？何獨重老而輕莊？竊以爲其因有三：一爲莊子本歸老子之言，言老所以該莊也。二爲老子言無爲民化，以小國寡民爲歸，莊子超乎現象，鮮言治道，難爲南面之術。三爲漢初莊子書尙未整理成帙，及成爲《漢志》之數，道家已衰，益晦於世。蓋漢初承秦火之後，《莊子》散篇遺簡流於四方，或漆園及門人之舊文（當非原稿），或晚周秦漢學莊及方士之片言，後經淮南王劉安賓客方士初步蒐集而未成定本，故司馬遷但謂十餘萬言，而不知篇數。

　　然則諸子豈不引《莊子》乎？按《莊子》書與諸子文句雷同者，有《管子》、《文子》、《列子》、《老子》、《呂氏春秋》、《淮南鴻烈》。《管》、《文》、《列》皆魏晉僞書，抄自《莊子》者，《老子》乃《莊子》之所申義者，《呂覽》則有爲秦漢學莊所本者，亦有呂不韋采《莊子》之散篇者。至若《淮南鴻烈》，清俞正燮曰：

> 《文選》謝靈運〈入華子岡詩〉、江文通〈擬許詢詩〉、陶淵明〈歸去來辭〉、任彥昇〈齊竟陵王行狀〉注並引淮南王《莊子略要》「江海之士，山谷之人，輕天下細萬物而獨往者也。」又並引司馬彪曰：

「獨往任自然，不復顧世。」則彪本五十二篇中有淮南王〈略要〉，或《漢志》五十二篇爲《淮南》本入秘書讎校者。（《癸巳存稿・莊子司馬彪注集本跋》）

按「《莊子略要》」宋王應麟《玉海》著錄作「要略」，或因《淮南》要略而改。又《文選》張景陽〈七命〉注：「《莊子》曰：『庚市子肩之毀玉也』，《淮南子・莊子后解》：『庚市子，聖人無欲者也。人有爭財相鬥者，庚市子毀玉於其間而鬥者止。』」

《莊子略要》及《莊子后解》，久已不存，可能同一篇之異名，高誘《淮南要略》注云：「作《鴻烈》之書二十篇，略數其要，明其所指，序其微妙，論其大體，故曰『要略』。」「略要」與「要略」雖倒文，要皆後序也，並同於「后解」之意。則之二篇者，劉安門下總論《莊子》之學也。

《莊子》殘卷〈天下篇〉後有一文，疑爲郭象〈目錄序〉之殘卷，與〈釋文敘錄〉相類，似爲陸德明所依據者。曰：「故一曲之士，不能暢其宏旨，而妄竄奇說……或似《山海經》，或似《夢書》，或出《淮南》。……」（日本高山寺舊鈔本）

日本武內義雄本俞氏說曰：

《漢志》所載《莊子》五十二篇，由內篇七、外篇二十八、雜篇十四、解說三而成。乃淮南王門下之士所傳，後入於秘書，而被校讎。

（《莊子考》）

按武內義雄所謂五十二篇內外雜之數，即依陸德明《序錄》所說「《漢書藝文志》五十二篇即司馬彪孟氏所注是也」，陸氏但言司馬本孟氏本五十二篇爲《漢志》舊數，並未言司馬彪內外雜解說數即《漢志》之舊也。矧孟氏卷數異於司馬，焉知其內外等篇數一於司馬？是以知武內所謂由內篇七、外篇二十八、雜篇十四、解說三，未免武斷。

綜合上述，莊生沒後著作（且名之曰「原本」）散亂，兼以門人之追記增述，學莊之推理申義，秦漢方士之託名附贅，益使駁雜無歸，而所以久乏人搜輯者，以若輩皆退隱之士，無著書傳世之心也。此四類原始資料，曰之散篇。

及漢淮南王劉安好道家方技，招賓客方士，博徵道家雜說，以著《鴻烈》，是以上述散篇或部分（今內七篇之部分材料或已在內。），得歸一處，此爲初本。蓋當時輯《莊子》之用意，在於增附《鴻烈》之資料，故〈齊俗訓〉多發明〈齊物論〉，〈人間訓〉多發明〈人間世〉，甚或謀篇以評述莊說，如《略要》、《后解》

是也。惟尚未有系統之整理，既未分篇，更無篇名，長短諸章，各自獨立，僅少數長章，暫有名稱而已（章名而非篇名）。司馬遷謂莊子其學無所不闚，即見此資料之博濫而發言。後復舉漁父盜跖胠篋而不謂篇者，蓋未有篇名也，故但謂十餘萬言，而不謂篇數。考劉安卒於漢武元狩元年（前 122），太史公時年二十四，太初元年（前 104）始作《史記》，故去劉安甚近，若原有篇數，史公斷無不知之理。且《老子》曰著書上下篇，則《莊子》必無遺漏。

第二節　內外雜篇分篇考

一、內外雜分篇起於劉向父子

《莊子》內外雜篇之分，前人略曾言之。

蘇軾：「凡分章名篇，皆出於世俗，非莊子本意。」（〈莊子祠堂記〉）

馬其昶曰：「余謂外雜兩篇，皆以闡內七篇之義，其分篇次第，果出自莊子與否，殆不可考。其間皆不無羼益，以其傳之，故一仍之。」（〈莊子故序目〉）

顧頡剛曰：「內外雜之分，標準不甚明，或竟為漢人無聊之分別」（〈莊子外雜篇著錄考〉，古史辨第一冊）

劉咸炘曰：「大抵內篇似所自著，外雜則師徒之說混焉，凡諸子書皆然，莊徒編分內外，固已謹而可別矣。」（〈莊子釋滯〉）

武內義雄曰：「〈內篇〉是輯其近於莊周之本眞者，其〈外篇〉是輯其後學之說及與〈內篇〉重複而文字異者，〈雜篇〉是雜載短章逸事，〈辭說〉似是淮南門下士之解釋《莊子》者」（《莊子考》）

唐蘭曰：「《莊子》內外雜篇之分別，乃起於劉向刪除複重之時。」（〈老聃的姓名和時代考〉，《古史辨》第四冊）

以上以武內唐氏所說為是，餘皆未察也。考劉安門下所輯之《莊子》，武帝元朔五年（前 124 年）充秘府。（《漢志》曰：書缺簡脫，禮壞樂崩。於是建藏書之策，置寫書之官，下及諸子傳說，皆充秘府。）其後「百年之間，書積如丘山」（《全漢文》輯《七略》佚文）。班固《漢書・藝文志》序曰：「成帝時，以書頗散亡，使謁者陳農求遺書於天下，詔光祿大夫劉向校經傳、諸子、詩賦。……每一書已，向輒條其篇目，撮其旨意，錄而奏之。會向卒，哀帝復使

向子侍中奉車都尉歆，卒父業。歆於是總群書而奏其《七略》。……今刪其要，以備篇籍。」是以知《莊子》必經劉向父子之通盤整理。劉氏校書之例：一兼備眾本，二比勘文字，三篇第審定，四定立書名，五釐定部居，六敘述源流。（依蔣元卿《校讎學史》）則劉氏必取《莊子》初本，與其他有關文獻（如百家方士之文），比勘字句，補罅去重，而後以最近《莊子》本眞者，視其義理之不同，而分爲七篇，是爲內篇，其餘乃爲外雜篇。內篇諸篇有一義可該，故取名以義（其證據見第三章第二節逍遙遊）外雜篇不能以一義該全篇，故以篇首之字爲名。至於外雜篇整理之原則，除武內所言外，或以義近之諸章，組成一篇，篇之長短大抵一致，章短則章多，章長則章寡，甚至長章者得獨列爲一篇，此〈漁父〉〈說劍〉之所以異於他篇也。陸德明〈釋文序錄〉列司馬彪《莊子注》五十二篇，分內外雜解說，大率從劉向定本而來。

劉向定本即是《漢志》五十二篇本，《隋書・經籍志》曰：「東觀及仁壽閣集新書，校書郎班固……並依《七略》而爲書部。固又編之以爲漢書藝文志。」故姚名達曰：「《漢志》者，班固取《七略》『刪其要』而成者也，班固對《七略》，祇下『刪其要』的工夫，縱有差異，亦不過『出幾家，入幾家』而已，自注甚明。」（《中國目錄學史・溯源篇》）

至若劉向分內外雜篇之有力證據復有二點：

（一）古書分內外皆起劉向

經子分內外者有《晏子春秋》、《孟子》、《淮南子》，亦皆劉向父子校書時所分也，茲列述如左：

1.《晏子春秋》

《史記》太史公曾讀《晏子春秋》，然未言篇數，劉向《敘錄》曰：「臣向所校中書《晏子》……定著八篇，二百十五章。其書六篇皆合六經之義，又有複重，文辭頗異，不復遺失，復列以爲一篇，又有頗不合經術，似非晏子言，疑後世辯士所爲者，亦不敢失，復以爲一篇，凡八篇。」知劉向以合經義爲標準而分篇也。《漢志》《晏子》八篇列入儒家，即本諸劉向（按《漢志》皆抄《七略》），向雖未言內外，然合於六經之義者，即今之內篇；文辭頗異而不合於經術者，即今之外篇也。

2.《孟子》

《史記・孟荀列傳》言七篇，《漢志》十一篇。東漢趙岐〈孟子題辭〉曰：

「著書七篇，又有外書四篇，似非孟子本眞，後世依放而託也。」則《漢志》十一篇實已分內外，則當亦起於劉向也。

3. 《淮南子》

《史記・淮南衡山列傳》未言著書，《漢志》分「《淮南內》三十一篇」及「《淮南外》三十三篇」。《本傳》曰：「作爲內書二十一篇，外書甚眾。」傳似謂淮南編書時已分內外，其實不然。《史記》既未言，又異於著書不分內外之例。蓋《志》與《傳》均本同一資料（《七略》），故高誘《淮南子敘》曰：「劉向校定撰具，名之《淮南》，又有十九篇者，謂之《淮南外篇》。」此明說劉向整理鴻烈，分其內外，定名《淮南》也。

（二）漢志本已分內外

復有一條重要之證據：〈齊物論〉〈釋文〉引崔云：「〈齊物〉七章，此連上章，而班固說在外篇。」，是《漢志》五十二篇已分內外，則班固所本之劉向定本必已分內外矣。

然今之分篇，已非劉向之舊，蓋魏晉人復以己意重理也。

二、內外雜篇間之關係

內外雜篇間之關係與差異，古來言之者多矣，若輩多不知《莊子》成書之原委，致多得一曲，以非其所非。

宋林希逸曰：「〈內篇〉〈外篇〉正與《左傳》《國語》相似，皆出一手，做了《左傳》，又成《國語》，其文卻與《左傳》不同。」（《莊子口義》）

明焦竑曰：「〈內篇〉斷非莊生不能作，〈外篇〉〈雜篇〉則後人竄入者多。」（《焦氏筆乘》）

明譚元春曰：「自七篇外，不惟不主一家，或亦不出一時。」（《莊子南華眞經》）

清王夫之曰：「〈外篇〉非莊子之書，蓋爲莊子之學者，欲引而伸之，而見之弗逮，求肖不能也。以〈內篇〉參觀之，則灼然辨矣。〈內篇〉雖參差旁引，而意皆連屬；〈外篇〉則踳駁而不續。〈內篇〉雖洋溢無方，而指歸則約；〈外篇〉則言窮意盡，徒爲繁說而神理不摯。〈內篇〉雖極意形容，而自說自掃，

無所粘滯，〈外篇〉則固執粗說，能死而不能活，〈內篇〉雖
輕堯舜抑孔子，而格外相求，不黨邪以醜正；〈外篇〉則恣
戾訕誹，徒爲輕薄以快其喙鳴。〈內篇〉雖與老子相近，而
別爲一宗，以脫卸其矯激權詐之失，〈外篇〉則但爲老子作
訓詁，而不能操化理於元微，故其可與〈內篇〉相發明者十
之二三，而淺薄虛囂之說雜出而厭觀，蓋非出自一人之手，
乃學莊者雜輯以成書。……雜云者，博引而泛記之謂，故自
〈庚桑楚〉〈寓言〉〈天下〉而外，每段自爲一義，而不相屬，
非若〈內篇〉之首尾一致，雖重詞廣喻，而脈絡相因也。〈外
篇〉文義雖相屬，而多浮蔓卑隘之說，〈雜篇〉言雖不純，
而微至之語，較能發明〈內篇〉之旨，蓋〈內篇〉皆解悟之
餘，暢發其博大輕微之致，而所從入者未之及，則學莊者必
於雜篇取其精蘊，誠〈內篇〉之歸趣也。」（《莊子解》）

清林雲銘曰：「當日訂《莊》之意，以文義易曉一意單行者，列之於前而
名〈外〉。以詞意難解眾意兼者，置之於後而名〈雜〉，故其
錯綜無次如此。」（《莊子因》）

清吳世尚曰：「〈外〉〈雜〉二篇，不純乎莊子之筆，或門人附入，或後人
僞託。」（《莊子解》）

清馬其昶曰：「余謂〈外〉〈雜〉二篇，皆以闡內七篇之義。」（《莊子故》
序目）

胡適曰：「〈內篇〉七篇，大致都可信，但也有後人加入的話，〈外篇〉和
〈雜篇〉便更靠不住了。」（《中國哲學史大綱》）

顧頡剛曰：「周秦間游學論道之風盛，道家雜文輯而附於莊子之後，爲〈外
篇〉〈雜篇〉。謂之不僞，則非莊子之書；謂之爲僞，則正古人
言公之旨焉。」（〈莊子外雜篇著錄考〉）

劉汝霖曰：「《莊子》一書，不止莊子一人之思想，包括自莊子以至淮南
王時之道家思想，……魏晉人……對於〈內篇〉皆認爲莊子所
親撰。」（〈周秦諸子考〉）

唐蘭曰：「所謂〈內篇〉爲眞者，亦不過承向之意見而已，其實並無〈內
篇〉爲眞，〈外〉〈雜〉篇爲假之證據，就《莊子》體例觀，每篇
往往包含幾章，而幾章不必出於一手。」（〈老聃的姓名和時代考〉）

梁啓超曰：「《莊子》一書，〈內篇〉是莊周所作，〈外篇〉乃後人注解莊
　　　　周之書，抄書的抄了〈內篇〉，又把注解一併抄下，統名之爲
　　　　《莊子》。」（《古書眞僞及其年代》）

胡哲敷曰：「除內七篇確爲莊子手筆外，〈外篇〉〈雜篇〉就有很多是莊子
　　　　弟子，或莊子學派的學者所爲」（《老莊哲學》）

葉國慶曰：「內外雜的分別，是後人定的，……某甲以這些爲外篇，某乙
　　　　卻放入雜篇，某甲以爲這是內篇的，某乙卻以爲這是外篇的（舉
　　　　例省去）……今本莊子內外雜之區別，並不是絕對的標準。」
　　　　（《莊子研究》）

林師景伊曰：「〈內篇〉雖爲莊子宗旨所寄，猶有後人加入之語，至〈外
　　　　篇〉〈雜篇〉之爲莊子所作，或其弟子所記，尤難言矣。」
　　　　（《中國學術思想大綱》）

　　上說紛紜，殆以葉氏所說爲是。（見《莊子研究》篇章）按劉向分篇後，
以內外雜專著而誌於正史者，起於南朝，有沈騏士《莊子內篇訓注》（《南齊
書》本傳），不知名（或梁簡文帝）《莊子內篇音義》一卷及《莊子外篇雜音》
一卷（隋志著錄「雜」下或脫「篇」）、周弘正《莊子內篇講疏》八卷（隋志
及見在書目）、張譏《莊子內篇義》十二卷《外篇義》二十卷《雜篇義》十卷
（《陳書》本傳），今雖皆不知其分篇細節，然就今日所存資料考證（見第五
節），恐不一致，所異者殆以己意分之。

　　吾人今日觀內外雜篇，實不必斷斷指於眞僞之辨，以莊子爲中心之莊派
學說總集視之可也，雖內篇可能原始資料居多，亦斷不可廢外雜篇，內篇可
貴，外雜亦奇，外雜羽異內篇，然後益見莊生之博大宏肆，至若王船山百般
貶斥外雜，誠不免夏蟲語水之譏也。

　　歷來泥於如王氏之說者眾矣，甚或謂某篇發明某篇，將外雜篇配諸內七
篇，條理井然，似是爲申內篇之某篇，然後作外雜篇之一篇，殊不知莊生之
後，周秦漢初之道家神仙陰陽雜說甚多，輯者但取其以莊生爲中心之相近雜
文鎔爲一爐，非某篇申某篇也。矧今本迥異初本，斷不能以今本之分篇，爲
一獨立之思想單元（內篇尚可）。若清周金然《南華經傳釋》云：

　　諦閱《南華》，則自經自傳，不自秘也，而千載無人覷破。蓋其意於
　　內七篇，至外篇雜篇，無非引伸內七篇，惟末篇自序耳。……因內
　　七篇爲經，餘篇析爲：

〈逍遙遊〉　　〈秋水〉、〈馬蹄〉、〈山木〉。

〈齊物論〉　　〈徐無鬼〉、〈則陽〉、〈外物〉。

〈養生主〉　　〈刻意〉、〈繕性〉、〈至樂〉、〈達生〉、〈讓王〉。

〈人間世〉　　〈庚桑楚〉、〈漁父〉。

〈德充符〉　　〈駢拇〉、〈列禦寇〉。

〈大宗師〉　　〈田子方〉、〈盜跖〉、〈天道〉、〈天運〉、〈知北遊〉。

〈應帝王〉　　〈胠篋〉、〈說劍〉、〈在宥〉、〈天地〉。

又近世錢基博以爲莊書以〈逍遙遊〉〈齊物論〉二篇爲綱領。〈養生主〉、〈人間世〉、〈德充符〉、〈駢拇〉、〈馬蹄〉、〈胠篋〉、〈在宥〉、〈天運〉、〈刻意〉、〈繕性〉、〈至樂〉、〈達生〉、〈山木〉、〈田子方〉、〈外物〉、〈讓王〉、〈盜跖〉、〈漁父〉、〈列禦寇〉等十九篇言〈逍遙遊〉也。〈大宗師〉、〈應帝王〉、〈天地〉、〈秋水〉、〈知北遊〉、〈庚桑楚〉、〈徐無鬼〉、〈則陽〉、〈寓言〉、〈說劍〉等十一篇言〈齊物論〉也。二組共三十二篇，〈天下〉爲敘錄不計。（〈莊子卷頭解題記〉，《中國語文學研究》）則無不有膠柱鼓瑟，強書從我之嫌也。

第三節　釋文序錄引書考

逮魏晉，莊學興，注者數十家（《世說新語・文學篇》），唐陸德明《經典釋文・莊子音義》內引十四家之譜，稍知其卷數者，〈釋文序錄〉列出九家，茲分述其源流：

一、崔譔（公元三世紀著於向秀前）注，十卷。二十七篇，內篇七，外篇二十。

崔本行於東晉，《隋書・經籍志》云：「梁有《莊子》十卷，東晉議郎崔譔注，亡。」然復見《唐書・經籍志》（一卷）及《新唐書・藝文志》（十卷），殊爲可疑。其後又不見於書志。

《世說新語・文學篇》云：「向秀於舊注外爲解義，妙析奇致，大暢玄風。」劉峻注引秀本傳：「聊應崔譔所注以備遺忘。」則向秀曾見崔注，今考《釋文》並引崔向注多處（引崔注音二十篇），鮮見解義相同，然正文字句多不異，而崔向本篇最近（若一作二十七篇則同），故知向本版本以崔本爲主，而於義別有新解。

日本武內義雄曰：「晉崔譔刪修五十二篇本爲二十七篇，而爲之作注。此

本〈內篇〉《七略》襲司馬彪本之舊，間有移外雜之文，於內篇中，又散入〈解說〉之辭於篇內，以便觀覽。其外篇二十，據援引於陸氏《釋文》中崔說之存否而推測之，則爲〈駢拇〉、〈馬蹄〉、〈胠篋〉、〈在宥〉、〈天運〉、〈繕性〉、〈秋水〉、〈至樂〉、〈達生〉、〈山木〉、〈知北遊〉、〈庚桑楚〉、〈徐無鬼〉、〈則陽〉、〈外物〉、〈寓言〉、〈盜跖〉、〈列禦寇〉、〈天下〉等二十篇是也，向秀所注即屬此本。」所說殆是。

二、向秀（約 221～300）注，二十卷，二十六篇。一作二十七篇，一作二十八篇，亦無雜篇，爲音三卷。

向注頗合當時玄風，受大眾歡迎。《隋志》云：「《莊子》二十卷」注：「晉散騎常侍向秀注，本二十卷，今闕。」然新舊《唐志》亦皆作二十卷不闕。《宋志》不著錄。向本有三，蓋二十八篇或係秀所輯全之全數，二十七篇少〈至樂〉，二十六篇復少〈秋水〉。今《釋文》引向注者，十九篇，凡一百六十四條，內注音六十一條。《列子》張湛注引向秀注三十四條。

向注除似本有崔注外，《釋文》引「向云馬氏音」三條（〈駢拇〉〈馬蹄〉〈庚桑楚〉），馬氏疑爲司馬彪之省，則向注似亦有本諸司馬音者。

三、司馬彪（約 240～304）注，二十一卷，五十二篇，內篇七，外篇二十八，雜篇十四，解說三，爲音三卷。

司馬本與孟氏本篇數同於《漢志》本，而非舊觀，惟與《漢志》最近。《呂氏春秋·必己篇》高誘注：「著書五十二篇，名之曰《莊子》」，此言《漢志》五十二篇本尚行於東漢。隋志：「《莊子》十六卷」，注：「司馬彪注，本二十一卷，今闕。」《唐志》作「二十一卷」，《新唐志》作「二十一卷，又注音一卷」。然則《隋志》已闕五卷，《唐志》何得而全。非後人補遺或重理卷數，即係僞作。《日本國見在書目錄》（藤原佐世撰，《古逸叢書》收。）作二十卷。唐後目錄書不錄，知亡於宋。

司馬彪注本，合內、外、雜篇但爲四十九篇，或解說三，在五十二篇之中。劉汝霖曰：

> 《文選》注數引淮南王《莊子要略》，同時又引司馬彪注。按《經典釋文敍錄》《莊子》司馬彪注二十一卷，五十二篇，似《莊子》全書有淮南王《莊子要略》一篇在內。故《莊子》一書，不止莊子一人之思想，包括自莊子以至淮南王時之道家思想。《莊子要略》或爲〈解說〉三篇之一，魏晉閒人見此類後人加入者，不免以己意刪之。（《周

秦諸子考》)

按〈序錄〉作「〈解說〉三」，不作篇或卷。雖宜作篇，以合五十二之數，然陸氏爲何不言，抑爲陸氏不見歟？若《要略》在〈解說〉之內，則《漢志》已然。

依陸氏〈序錄〉稱：「言多詭誕，或似《山海經》，或類占夢書。故注者以意去取。」司馬本外雜篇獨多於崔向郭李諸本，似是承於《漢志》本，多雜秦漢方士詭誕之言，故爲諸本不取，考司馬本佚文果多郭象本所無。故馬敘倫曰：「司馬本雖亡，其佚文之幸存者，亦頗略睹。皆爲郭本所無，又《史記》本傳《索隱》曰：『按《莊子》畏壘虛，篇名也』，即老聃弟子畏壘。《北齊書·杜弼傳》曰『弼嘗注《莊子·惠施篇》』，此亦〈莊〉書篇目之可考者，今郭本所無。然則五十二篇者，固不免有後人增足。」（莊子義證序）

今《釋文》引司馬注有三十一篇（無〈達生〉〈天下〉）。輯佚專著有四：

1. 《莊子》司馬彪注一卷、《考逸》一卷。清孫馮翼輯。
   《問經堂叢書逸子書》，嘉慶承德孫氏刊本。（1802）
2. 《莊子》司馬彪注一卷、補遺一卷。清茆泮林輯。
   《十種古逸書》，道光梅瑞軒刊本。（1834）
3. 《莊子》司馬彪注一卷。清黃奭輯。
   《漢學堂叢書》、《子史鉤沈》，《子部》道家類。（1850）
   《黃氏逸書考》（民國修補本及補刊本）《子史鉤沈》。
4. 《莊子》司馬彪注一卷。清王仁俊輯。
   《玉函山房輯佚書續編》，子編道家類。（1911）

四、郭象（？～312）注三十三卷，三十三篇。內篇七、外篇十五，雜篇十一，為音三卷。

莊子注，今存全本者以郭象注最古。《隋志》作「三十卷，目一卷。」注：「晉大傅主簿郭象注，梁七錄三十三卷。」新舊《唐志》並作十卷，《宋志》以下大半皆作十卷。今傳郭本篇數不變，卷數則由三十減至十，蓋古雕版字寡而卷繁，後之寫本字多而卷少也。始司馬遷所見劉安門客所輯《莊子》有十餘萬言，郭本今存僅六萬五千九百餘字（錢基博《讀莊子卷頭解題記》），知刪芟殆半，〈釋文序錄〉引郭子玄之所謂「一曲之才，妄竄奇說，若闕弈……之篇」者皆已擯棄矣。（詳見第四節）

五、李頤（300左右）集解三十卷，三十篇，一作三十五篇，為音一卷。

《隋志》作「《集注》六卷」，注：「梁有《莊子》三十卷，晉丞相參軍李頤注。」新舊《唐志》俱作《集解》二十卷，《宋志》不著錄，知亡於宋。李頤《集解》今見於《釋文》者三十一篇，獨〈繕性〉〈說劍〉無之。與〈序錄〉篇數不合，知今本非晉時之舊。

六、孟氏注（？）十八卷，五十二篇。不詳何人。

孟氏注本，陸德明時已佚，但知有其書而已，《釋文序錄》另有《老子注》稱「孟子」注：「或云孟康」，按康字公休，魏中書監，封廣陵亭侯。《隋志》注引《梁志》作：「《莊子》十八卷，孟子注，錄一卷，亡。」兩《唐志》皆不錄，知隋時已亡。

孟氏本篇數同於司馬本，而略早於司馬本，宜其有內外篇之分。

七、王叔之（？～453）義疏三卷

〈釋文序錄〉又云：「字穆□，琅邪人，宋處士，亦作注。」《隋志》注云：「梁有《莊子義疏》十卷，又《莊子義疏》三卷，宋處士李叔之撰，亡。」此《義疏》三卷，或即為王氏《義疏》，蓋「李」本為「王」，因形似「宋」字而誤。《隋志》別集類有「宋王叔之集七卷」不誤。唯三卷本《隋志》云已亡，則〈序錄〉《義疏》三卷或係十卷本之傳誤。

新舊《唐志》並作「《莊子疏》十卷，音一卷」，宜為梁之《義疏》十卷本，然《音》不知所出。作者或因《序錄》「穆」下闕文，而訛為「王穆」。查《序錄》雖作穆□，《莊子》〈大宗師〉篇音義作「王穆夜云」不闕，成玄英疏及《日本國見在書目錄》並作「穆夜」，知闕文是「夜」字。

此書不見宋人書目，知亡於宋，今本《莊子》所引者十二篇（〈大宗師〉、〈駢拇〉、〈馬蹄〉、〈天運〉、〈庚桑楚〉、〈徐无鬼〉、〈則陽〉、〈外物〉、〈寓言〉、〈讓王〉、〈列禦寇〉、〈天下〉），蓋分篇已非舊觀矣。

八、李軌（317左右）音一卷

李軌，字弘範，晉元帝時在世，官至尚書郎，另有《莊子注》（見《文選》謝靈運〈遊赤石進帆海詩〉引李宏範注），已失。

《莊子音》，《隋志》亦作一卷。兩《唐志》不著錄。故早亦亡佚。釋文引作「李某某反」者。僅〈盜跖〉〈漁父〉不引，惟與李頤音相混淆。

九、徐邈（344～397）音三卷

《隋志》著錄「《音》三卷」，復有「《集音》三卷」，或為同時之二種版

本，兩《唐志》不著錄。〈讓王篇〉末，《釋文》云：「此舊《集音》有，聊復錄，於義無當也。」，或即為《隨志》之《集音》。

今《釋文》引徐音者二十九篇，僅〈繕性〉、〈庚桑楚〉、〈寓言〉、〈漁父〉四篇闕如也。

第四節　郭象未竊向秀注考辨

郭象注，前人以為竊自向秀，《世說新語‧文學篇》云：「秀卒，秀子幼，義遂零落，然猶有別本。郭象者，為人薄行，有儁才，見秀義不傳於世，遂竊以為己注，乃自注〈秋水〉〈至樂〉二篇，又易〈馬蹄〉一篇，其餘眾篇，或定點文句而已，後秀義別本出，故今有向郭二《莊》，其義一也。」《晉書‧郭象傳》遂原文著之，於是世皆薄象之行。自清錢曾首發不平，異議漸多。錢氏《讀書敏求記》云：「予覽陸氏《釋文》，引向注者非一處，是秀尚有別本行世，時代遼遠，傳聞異辭，《晉書》云云，恐未必然也。」

《四庫全書總目提要》以錢說不足信，曰：

> 錢曾《讀書敏求記》獨謂世代遼遠，傳聞異辭。晉書云云，恐未必信。案向秀之注，陳振孫稱宋代已不傳。但時見陸氏《釋文》。今以《釋文》所載校之，如〈逍遙遊〉：「有蓬之心」句，《釋文》郭向並引，絕不相同。〈胠篋篇〉：「聖人不死，大盜不止」句，《釋文》引向注二十八字。又「為之斗斛以量之」句，《釋文》引向注十六字，郭本皆無。然其餘皆互相出入。又張湛《列子注》中，凡文與莊子相同者，亦並引向郭二注。所載〈達生篇〉「病僂丈人承蜩」一條，向注與郭一字不異；〈應帝王篇〉「神巫季咸」一章「皆棄而走」句，亦向郭相同；「列子見而心醉」句，向注曰：「迷惑其道也」，「而又奚卵焉」句，向注六十二字，郭注皆無之；「故使人得而相汝」句，郭注多七字；「示之以地文」句，向注「塊然如土也」，郭注無之；「是殆見吾杜德機」句，「鄉吾示之以天壤」句，「名實不入」句，向郭並同；「是殆見吾善者機也」句，向注多九字；「子之先生坐不齋」句；向注二十二字，郭注無之；「鄉吾示之以太冲英勝」句，郭改其末句；「淵有九名，此處三焉」句，郭增其首十六字，尾五十一字；「鄉吾示之以未始出吾宗」句，「故逃也」句，「食

豨如食人」句，向郭並同：「於事無與親」句，以下，則無大同小異。是所謂竊據向書，點定文句者，並非無證。又〈秋水篇〉曰「與道大寒」句，《釋文》云：「寒，向紀輦反」則此篇向亦有注，併《世說》所云象自注〈秋水〉〈至樂〉二篇者，尚未必實錄矣。錢曾乃曲為之解，何哉？

蔣伯潛《諸子通考》（民國 37 年）引其父蔣建侯《莊子考》曰：

> 今按《提要》所引《莊子·達生篇》一條，〈應帝王篇〉各條，均見《列子·黃帝篇》。〈黃帝篇〉中，尚有「顏淵問仲尼」章百五十五字，「子列子問關尹」章二百四十四字，亦皆〈達生篇〉文；「女不知夫養虎者乎」章一百六字，即《莊子》〈人間世〉篇文；張湛亦引向莊子注，皆與今存郭象注文大同小異。蓋郭象竊向秀之注，而點定之，稍加修改耳。但《提要》以郭象自注〈秋水〉〈至樂〉二篇為可疑，則非。〈秋水篇〉《釋文》尚有一條，「纍，力罪反，向同。」此與《提要》所引「寒，向紀輦反」一條，因為向秀之音，而非其義。《釋文·敘錄》稱向秀注二十卷之外，固尚有音三卷也。則此二條當出向秀之《莊子音》三卷中明甚。《世說新語》明言向秀注〈秋水〉〈至樂〉二篇，未竟而卒，則已有所注，但未竟耳。即云此二條是向注，亦不能推翻郭象自注此二篇之說，因此二篇之注，不僅此二條也。

按錢說並無不當，《列子》引《莊子》成章者十七（宋高似孫《子略》言不誤），並採向郭注五十餘條，惟或有向無郭，或有郭無向，蓋張湛時二本並存，取舍不同耳。向本亡於宋，郭本今尚在。至若蔣氏所謂〈秋水〉〈至樂〉向注二條在《莊子音》內，未諦。考〈秋水〉《釋文》引向注凡七條，除上述外，則「向若，向徐音嚮」、「纍，力罪反，向同」、「證矗，向郭云：明也」、「狌，音姓，向同」、「瞋，向處辰反」五條，其中「向郭云明也」顯非音訓，而為《莊子注》也。蔣氏又疑二篇向有注而未竟，語焉未詳。按《世說新語》云：「向秀……唯〈秋水〉〈至樂〉二篇，未竟而秀卒。」今向注但見於〈秋水〉之前半，後半及〈至樂〉皆未見，而〈秋水〉〈至樂〉二篇之順序，見可考之版本，均相連接，《列子·天瑞篇》引〈至樂〉，亦無向注，則「未竟」似不誣。《世說新語·文學篇》注引《向秀別傳》云：「秀與嵇康、呂安為友……後秀將注《莊子》，先以告康、安，康、安咸曰：『此書詎復須注，徒棄人作樂事耳』，及成，以示二子，康曰：『爾故復勝不？』康安乃驚曰：『莊周不死矣。』」「及成」證據失足。

或曰：郭象於篇章曾有易迻，向郭版本既殊，焉能論斷？竊以為有二證：一、秋水向注至「晝出瞋目而不見山，言殊性也。」上推起文「秋水時至」，渾然一氣，不可稍斷，當為舊本。嚴靈峰《道家四子新編》《莊子章句新編》即列一篇，未曾割裂。二、〈秋水〉後文及〈至樂〉，各篇思想文氣大致一貫，惟斷簡遺文自所不免耳。

歷來以為郭象竊向秀者，自《世說新語》始，《晉書》遂著之於傳，其下有宋高似孫《子略》、王應麟《困學紀聞》、明焦竑《筆乘》、胡應麟《四部正譌》、謝肇淛《文海披沙》、陳繼儒《續狂夫之言》、清顧炎武《日知錄》、王昶《春融堂集》、袁守定《佔畢叢談》、《四庫全書提要》、陸以湉《冷廬雜識》、呂思勉《經子解題》、謝無量《中國哲學史》、錢穆《莊老通辨》。

為郭象辯誣者，自清錢曾以下有翁元圻《困學紀聞注》、王先謙《莊子集解》、吳承仕《經典釋文序錄疏證》、容肇祖《魏晉的自然主義》、劉大杰《魏晉思想論》、馮友蘭《中國哲學史》、沈德鴻《莊子選注》。

以上為郭氏鳴冤者，所執之理由不外如下五端：

（一）晉張湛時，向郭二注本不同。馮友蘭云：「今按《列子》張湛注，於《列子》引《莊子》文處，多採用向秀注或郭象注。其所引向秀注，固多與今莊子郭象注略同。然張湛亦屢直引郭象注，不及向秀。或者向秀於此無注，而郭象有之；或者向秀此處之注不及郭象，故張捨向而取郭歟？張湛之祖父，乃王弼從弟之甥。張湛時代，距郭象甚近，猶及見向秀注而常引之。則其不引向而引郭之處，其所以當不外上述二種理由。」（中國哲學史第二篇第六章）復按《世說新語·文學篇》云：「莊子〈逍遙篇〉，舊是難處，諸名賢所可鑽味，而不能拔理於郭向之外」，知劉宋時二本皆行於世。

（二）郭象僅自注三篇不可信。馮氏又云：「再按張湛所引郭象注，皆不在《莊子》〈秋水〉〈至樂〉〈馬蹄〉三篇之內，則《晉書·郭象傳》所謂郭象僅『自注〈秋水〉〈至樂〉二篇，又易〈馬蹄〉一篇，其餘眾篇，或點定文句而已。』實不足信也。」

（三）〈釋文序錄〉向注無雜篇，郭注為何有雜篇。沈德鴻云：「據《經典釋文》向秀注莊子篇數，有二十六、二十七、二十八三說，並謂向注無雜篇，但今傳郭注，共三十三篇，其中雜篇佔十一，與釋文所謂向注無雜篇，固已不符。」（商務國學叢書《莊子緒言》）。

（四）沈氏又云：「且《世說》謂象僅加注〈秋水〉〈至樂〉二篇，改易

〈馬蹄〉一篇，則即依《釋文》所記向注篇數三說中之最後說二十八篇言之，亦僅三十篇，何來三十三篇之多。」

（五）〈釋文序錄〉稱向秀注「亦無雜篇」，然雜篇《釋文》引有向注。馬敘倫云：「陸氏謂崔向無雜篇，然余以《音義》所引崔向音覈之……是獨〈寓言〉、〈讓王〉、〈說劍〉、〈漁父〉四篇，崔向本無之，抑或有之，而《音義》無所取，然則陸氏所謂崔向無雜篇者何邪。」（《莊子義證》自序）按《莊子》雜篇《釋文》向注僅無〈讓王〉、〈說劍〉、〈列禦寇〉三篇，則非陸氏言誤，即後世篇章復有不同。

按《晉書・向秀傳》云：「莊周著內外數十篇，歷世才士雖有觀者，莫適論其旨統也。秀乃為之隱解，發明奇趣，振起玄風，讀之者超然心悟，莫不自足一時也。惠帝之世，郭象又述而廣之，儒墨之跡見鄙，道家之言遂盛焉。」與《世說》及《郭象傳》迥然大別，《世說》言象行薄，故竊向注為己注，除〈秋水〉、〈至樂〉、〈馬蹄〉外，眾篇或點定文句而已。《郭象傳》則謂「廣而述之」，世人莫察，但取其竊注，而昧於廣述之義。

前人述說，或疏於條理，或失之臆測，宜就現有資料，全盤整理，方辨廬山面目矣。予詳覈之有三：

一、《莊子釋文》、《列子》注引向秀注與郭象注之比較：

《釋文》引向注共一百六十七條，除注音六十二條，校字廿四條外，釋義者八十一條。

《列子・天瑞篇》引《莊子・至樂》、〈知北遊〉。〈黃帝篇〉引〈逍遙遊〉、〈達生〉、〈田子方〉、〈人間世〉、〈應帝王〉、〈寓言〉、〈齊物〉。〈湯問篇〉引〈逍遙遊〉。〈力命篇〉引〈徐無鬼〉。〈說符篇〉引〈讓王〉。然其中注引向秀注者僅〈黃帝篇〉之〈達生〉、〈人間世〉、〈應帝王〉，凡卅四條（另有一條今本《莊子》無，在《淮南・精神訓》）。

茲將《莊》、《列》所引向注與郭注相較列表如下：

<table>
<tr><th>內容比較／引向注條數／書目</th><th>意義相異</th><th>意義相近</th><th>字義俱同</th><th>字意俱同上下文略有損益</th><th>意同</th><th>有向注無郭注</th><th>小計</th><th>備註</th></tr>
<tr><td>莊子釋文</td><td>7</td><td>9</td><td colspan="3">30</td><td>35</td><td>81</td><td>注音校字除外</td></tr>
<tr><td>列子注</td><td>4</td><td>3</td><td>7</td><td>12</td><td>2</td><td>6</td><td>34</td><td></td></tr>
</table>

由上表可見出諸現象：

（一）郭注確半襲向注。

（二）郭注部份係依向注而修正者。

（三）郭象仍不乏獨自意見。

（四）有向注而無郭注者甚多，蓋張湛陸德明之時，二本並行，或有向注而無郭注（今存郭本可見出），則郭不襲向也明矣；或有郭注而無向注（不知全貌），則非向無注，即義不如郭注，猶馮氏之謂也。

今復考《列子》有三事，足爲郭子玄辯誣之助：

（一）張湛注但引郭注者十八條，即如上述。

（二）〈天瑞篇〉注曰：「郭象注《莊子》，論之詳矣。」按張湛於《列子》文同《莊子》者引有司馬彪、向秀、李頤、崔譔，而向注最多，今棄向而重郭，必郭有創見爲向不如。

（三）〈黃帝篇〉云：「水之潘爲淵，是爲九淵焉。」張湛注引向秀曰：「夫水流之與止，鯢旋之與龍躍，常淵然自若，未始失其靜默也。」又引郭象曰：「夫至人用之則行，舍之則止，雖波流九變，治亂紛紜，若居其極者，常澹然自得，泊乎無爲也。」此向郭二注，皆入《莊子・應帝王》郭注中，而略有增益，似是郭剿於向，然張湛後於郭象，所見既殊，必非郭之襲向，而向之「常淵然自若，未始失其靜默也。」與郭之「常澹然自得，泊乎無爲也。」皆意近之結語。郭象若承向而修正，必不重出，疑張湛之後，讀者加注誤入。今以此例，焉知郭注之同於向注者，非後人之移易耶。

二、向郭二注思想之差異

向秀於舊注外爲解義，使玄風大暢，必有見識高於當世者，《世說新語・文學篇》注引《竹林七賢論》云：「秀爲此義，讀之者無不超然，若已出塵埃而窺絕冥，始了視聽之表，有神德玄哲，能遺天下，外萬物，雖復使動競之人，顧觀所徇，皆悵然自有振拔之情矣。」今於《列子注》引向注，略可窺其思想之端倪，〈黃帝篇〉引秀曰：

同是形色之物耳，未足以相先也，以相先者，唯自然也。

〈天瑞篇〉引秀曰：

吾之生也，非吾之所生，則生自生耳，生生者豈有物哉？故不生也。

吾之化也，非物之所化，則化自化耳。化化者豈有物哉？無物也，

> 故不化焉。若使生物者亦生，化物者亦化，則與物俱化，亦奚異於
> 物？明夫不生不化者，然後爲生化之本也。

則以明自然先於形色之物，亦即不生不化，爲生化之本也。

　　子期之言自然，蓋本之於王弼，王弼注《老子》多言自然，曰：「天地任自然」（五章），曰：「歸之自然也」（十三章），隱然言自然爲萬物之所以歸也。

　　然觀之於郭象，有截然不同者，郭氏釋自然之義，廣博精湛，大異前人之舊襲，〈齊物論〉「夫吹萬不同，而使其自己也」。注曰：

> 然則生生者誰哉？塊然而自生耳。自生耳，非我生也。我既不能生
> 物，物亦不能生我，則我自然矣。自己而然，則謂之天然。天然耳，
> 非爲也。……故物各自生而無所出焉，此天道也。

又〈知北遊〉「有先天地生者，物耶？」注曰：

> ……吾以自然爲先之，而自然即物之自爾耳。

由此知萬物非自然所生，乃自生而無所出焉，自然者，即物之自爾耳。

三、郭象之人品與地位

　　〈世說新語〉云：「郭象者，爲人薄行，有儁才。」（〈文學篇〉）然注引《文士傳》曰：「象……少有才理，慕道好學，託志《老》《莊》，時人咸以爲王弼之亞，辟司空掾、太傅主簿。」又《文士傳》曰：「象作《莊子注》，最有清辭遁旨。」皆許子玄，未言其薄行者。《世說》又云：「子玄才甚豐贍。」（〈文學篇〉）又云：「郭子玄有儁才，能言老莊，庾敳嘗稱之，每曰：『郭子玄何必減庾子嵩。』」（〈賞譽篇〉上）注引《名士傳》曰：「郭象……自黃門郎爲太傅主簿，任事用勢，傾動一府。敳謂象曰：『卿自是當世大才……。』」則所謂「任事用勢」者，略有疵議矣。又云：「王太尉云：『郭子玄語議，如懸河瀉水，注而不竭。』」（〈賞譽篇〉下）又美其才矣。

　　《晉書》本《世說新語》而文字稍易，曰：「郭象，字子玄，少有才理，好老莊，能清言，太尉王衍，每云：『聽象語如懸河瀉水，注而不竭。』州郡辟召不就，常閑居，以文論自娛，後辟司徒掾稍至黃門侍郎。東海王越引爲大傅主簿，甚見親委，遂任職當權，熏灼內外，由是素論去之，永嘉末病卒，著《碑論》十二篇。」

　　由《世說新語》及《晉書》，知郭象之才，足以注《莊子》而有餘，至若「任事用勢」「熏灼內外」，行雖薄，並不足爲竊向注之證，矧魏晉衰世，欲求全德者未之有也。而「州郡辟召不就，常閑居，以文論自娛」，又似非不足取也。

夫郭子玄，官至黃門侍郎，交游公卿，稱王弼之亞，亦一代名士也。雖人品有缺，然就地位才能而言，實不必竊人之注以自貴也。

綜觀上說，曰郭象因襲向秀則可，曰剽竊則不可，夫典籍之始注釋者，必皆發人之所未言，其後之注釋者必難全廢前說而立新辭，此郭象所以蒙千載之冤也。今評較所存向郭二注，終以郭注為勝；子玄之於莊學，厥功不可滅矣。故《釋文序錄》云：「惟子玄所注，特會莊生之旨，故為世所貴。」

第五節　篇章移易考

始劉安門客整理莊派雜文，成《莊子》「初本」，而《鴻烈》亦多搜入此類雜文，致資料多與《莊子》雷同，今《淮南子》存有《莊子》佚文。偽《列子‧天瑞篇》云：「故生物者不生，化物者不化。」張湛注云：「《莊子》亦有此言，向秀注曰⋯⋯」按今不見《莊子》而見於《淮南子‧精神訓》。又《文選‧魏都賦》注云：「《莊子》曰：尹需學御，三年而無所得，夜夢受秋駕於其師，明日，往朝其師，其師望而謂之曰：吾非獨愛道也，恐子之未可與也。」亦不見《莊子》而見於《淮南子‧道應訓》。蓋晉時此文猶見於《莊子》、《淮南》，注者但曰「《莊子》」而已。則劉安時，此佚文尚在《莊子》書中。

泊乎劉向，校訂為五十二篇本（即漢志本），今東漢桓譚《新論》及仲長統《昌言》《莊子》佚文，即為此本之遺。

《列子》一書雖不必為張湛偽作，其必成於魏晉已無可疑，《列子》引《莊子》成章者或片言者甚多，字句時有出入，可能在當時已誤，亦可能近乎《莊子》原貌。《世說新語‧言語篇》注云：「《莊子》曰：『海上之人好鷗者，每旦之海上，從鷗鳥遊，鷗之至者數百而不止。其父曰：吾聞鷗鳥從汝遊，取來玩之。明日之海上，鷗鳥舞而不下。』」（又見《文選》雜體詩注，文略異。）此文不見《莊子》，見《列子‧黃帝篇》，故知《列子》成書之時，《莊子》書與今本頗多不同。

今行郭本，亦非子玄之舊，馬敘倫云：「余怪郭象以〈閼奕〉〈意脩〉〈危言〉〈游鳧〉〈子胥〉之雜巧而去之，若〈說劍〉者，其義趣淺陋，若無涉於莊周之恉，辭亦與他篇不倫，必出於偽造無疑，既過而存之，則其所削者，寧無可比於是，而一不存，何邪？然象自〈讓王〉〈盜跖〉〈漁父〉三篇，最括大恉，餘篇皆詳為之注，獨〈說劍〉不置一辭。余疑郭本亦非故書，檢〈盜

跖〉篇〈孔子與柳下季爲友〉章，象注曰：『此篇……』與〈漁父篇〉於末注曰：『此篇……』云云同例，則郭本〈盜跖〉篇固僅一章，其後〈子張〉〈無足〉兩章，蓋爲別一篇之辭，……亡其篇首，傳寫遂綴於〈盜跖〉之末，既佚一篇，乃就司馬本取〈說劍〉以補其亡（〈說劍〉音義僅引司馬，則眾家蓋無也），是又象削之而後人復留之者也，音義無說，其來久矣。」（《莊子義證》自序）

武內義雄以爲：「郭象所注三十三篇，主要是襲向秀本，間有從司馬彪本而補之，即其〈內篇〉是全襲向秀本，故載其解說之語及重複之文章，而不與司馬彪本同，其〈外篇〉十五及〈雜篇〉十一篇之中，爲崔向所無者，爲〈天道〉〈刻意〉〈田子方〉〈讓王〉〈說劍〉〈漁父〉。其本於崔向本諸篇中，亦有崔向二家所不取，而象附益以短章逸事者，殆從司馬彪本以補足之也。」（《莊子考》）

又〈逍遙遊〉篇《音義》云：「四子，司馬、李云：王倪、齧缺、被衣、許由。」今《音義》前《莊子》正文僅有許由，無餘三子，三子見於〈齊物論〉之末，〈應帝王〉之前。蓋〈逍遙遊〉頗申「至人無己，神人無功，聖人無名」之義，「許由」一節正言「聖人無名」，「肩吾」一節正言「神人無功」，三子之事，所以言「至人無己」。宜在〈逍遙遊〉之內，今易爲他篇，或在陸氏之前已然。

又康僧荊溪之《止觀輔行口訣》，釋《摩訶止觀》文中引周弘正釋「三玄」一段，引有《莊子·內篇》三條：一爲「雨爲雲乎？雲爲雨乎？孰降施是」；此文今在〈外篇〉〈天運〉內，二爲「有信無情，有爲無形」今在〈內篇〉〈大宗師〉內。三爲「夫無形故無不形，無物故無不物；不物者能物物，不形者能形形。故形形物物者，非形非物也。夫非形非物者，求之於形物，不亦惑乎？」此爲逸文。此周弘正講疏異於今本者。

由是知六朝諸本移易尤多，蓋時莊學盛，注者輩出，皆以意去取故也。

《莊子》成書之資料，難可嚴判，至漢魏六朝，或編輯，或注釋，標準皆難一致，是以內外及分章，必因人而異。唯郭象本自唐後流爲定本，而後世亦有更易次第者。明末《古今南華內篇講錄》十卷（四庫著錄）分卷一〈南華要旨〉，卷二〈寓言〉，卷三〈逍遙遊〉，卷四〈齊物論〉，卷五〈養生主〉，卷六〈人間世〉，卷七〈德充符〉，卷八〈大宗師〉，卷九〈應帝王〉，卷十〈天下〉。此以〈寓言〉〈天下〉爲先後序而分者也。清張世犖《南華摸象記》八

卷（四庫著錄），亦以寓言爲首篇，而刪〈漁父〉、〈說劍〉、〈盜跖〉三篇。

　　近人嚴靈峰先生《莊子章句新編》（五十七年十月版《道家四子新編》內）打破篇章字句，重新組合整理，工夫匪淺，居心可佩，惟若《莊子》所有之資料尚存，則此項整理，本眞易見；若資料不全，則難免有郢書燕說之失，且外雜篇頗多刪芟，恐有蘭艾同爐之憾，要嚴氏梳理古籍，誠爲革命性之創舉，爲前人所未爲而不敢爲也。

第六節　釋文序錄外之六朝莊子專著

　　〈釋文序錄〉所見《莊子》音注諸家，皆出於兩晉南朝，實六朝解莊者多矣，茲略棄散篇短論，檢其今之可考專著，分注釋，音義，論說三類於次，以見莊學播散之源流。

一、注釋類

（一）《莊子注》　晉嵇康撰（佚）

　　〈逍遙遊〉《釋文》引嵇康云一條，吳士鑑《補晉書經籍志》著錄。按〈釋文序錄〉有嵇康《春秋左氏音》三卷，未言注《莊子》，《晉書·嵇康傳》亦無言及，疑《釋文》引嵇氏其他著作。

（二）《莊子注》　晉潘尼撰（佚）

　　〈逍遙遊〉《釋文》引潘尼云一條，《補晉書經籍志》著錄。按書志未見潘氏有關《莊子》之著述，疑亦引自他書。

（三）《莊子注》　晉盧諶撰（佚）

　　《釋文》未引，丁國鈞等《補晉書藝文志》以《晉書·盧欽傳》所言補之。

（四）《莊子逍遙遊篇注》　晉支遁撰（佚）

　　《釋文·逍遙遊》引四條。

（五）《莊子》十七卷　晉葛洪撰（佚）

　　《釋文》未引，丁國鈞《補晉書藝文志》云：「謹按見法琳《辨正論》卷九引是書，疑采擇諸家注所成，故曰修撰，然他書絕未引及。」按《論》云：「劉宋時，陸修靜《道藏書目》，《莊子》十七卷，莊周所出，葛洪修撰。」

（六）《莊子逍遙遊篇注》　宋慧琳撰（佚）

　　《宋書》本傳引

（七）《莊子逍遙遊篇注》　宋何偃撰（佚）

　　《宋書》本傳引

（八）《莊子義釋》　齊祖冲之撰（佚）

　　《釋文》未引，《南齊書》及《南史》本傳作《老莊義釋》，陳述《補南齊書藝文志》、徐崇《補南北史藝文志》並著錄。

（九）《莊子・內篇訓注》　齊沈驎士撰（佚）

　　《釋文》未引，《南齊書》及《南史》本傳並引，徐崇《補南北史藝文志》陳述《補南齊書藝文志》並著錄。

（十）《莊子義》　梁伏曼容撰（佚）

　　《釋文》未引，《梁書》及《南史》本傳作《老莊論語義》，徐崇《補南北史藝文志》著錄。

（十一）《莊子講疏》　梁賀瑒撰（佚）

　　《釋文》未引，《梁書》及《南史》本傳云「有《禮》《易》《老》《莊》講疏數百篇」，徐崇《補南北史藝文志》著錄。

（十二）《莊子義疏》八卷　梁戴詵撰（佚）

　　《釋文》未引，《隋志》著錄，姚振宗《考證》曰：「《太平御覽・道部・道士篇》《老氏聖紀》曰：『孟道養，字孝元，初名援，平昌人。時有劉謜、戴詵相造，研論玄理，各歎伏以爲邁絕。』詵與劉謜同時，謜爲梁昭次子，見《梁書・文學傳》。」

（十三）《莊子講疏》十卷　梁簡文帝撰（佚）

　　《隋志》作十卷，注曰：「本二十卷，今闕」，《兩唐志》作三十卷。《釋文》引之有〈逍遙遊〉、〈齊物論〉、〈養生主〉、〈人間世〉、〈德充符〉、〈大宗師〉、〈應帝王〉內七篇。

（十四）《莊子義疏》　梁庾曼倩（佚）

　　《釋文》未引，徐崇《補南北史藝文志》據《梁書》《南史》本傳補。

（十五）《莊子義疏》五卷　賈彥威撰（佚）

　　《釋文》未引，《日本國見在書目錄》著錄。「威」或係「咸」「感」之訛。

（十六）《莊子疏集解》五卷　續行仏撰（佚）

　　《釋文》未引，《見在書目》著錄。

（十七）《莊子文句義》一卷　陳周弘正撰

　　《釋文》未引，焦竑《莊子翼》採摭書目引。

（十八）《莊子內篇講疏》八卷　陳周弘正撰（佚）

　　《釋文》未引，《隋志》及《見在書目》作「《講疏》八卷」。

（十九）《莊子講疏》二卷　陳張譏撰（佚）

　　《釋文》未引，《隋志》：「《莊子講疏》二卷，亡。」

（二十）莊子內篇義十二卷　陳張譏撰（佚）

　　《見在書目》著錄，《陳書》本傳云：「譏撰《莊子內篇義》十二卷，《外篇義》二十卷，《雜篇義》十卷。」徐崇《補南北史藝文志》，楊壽彭《補陳書藝文志》並著錄，〈德充符〉《釋文》引一條。

（二十一）《莊子外篇義》二十卷　陳張譏撰（佚）

　　《釋文》未引，徐、楊據《陳書》本傳補。

（二十二）《莊子雜篇義》十卷　陳張譏撰（佚）

　　《釋文》未引，徐、楊據《陳書》本傳補。

（二十三）《莊子講義》八卷　《隋志》著錄，不著撰人。

二、音義類（《釋文》皆未引）

（一）《南華論音》三卷　《隋志》著錄，不著撰人。

（二）《莊子內篇音義》一卷　《隋志》著錄，不著撰人。

（三）《莊子外篇雜音》一卷　《隋志》著錄，不著撰人。

三、論說類（《釋文》皆未引）

（一）《達莊論》　魏阮籍撰（存）

　　《晉書》本傳：「著《達莊論》，敘無為之貴。」

（二）《釋莊論》二卷　晉李充撰（佚）

　　《兩唐志》並著錄，《晉書》本傳：「作《釋莊論》上下篇」

（三）《逍遙論》　晉支遁撰（佚）

《世說新語‧文學篇》劉孝標注引。

（四）《廢莊論》　晉王坦之撰（存）

《晉書》本傳引。

（五）《逍遙論》一卷　宋戴顒撰（佚）

《宋書》本傳引。

（六）《南華論》二十五卷　梁曠撰（佚）

《隋志》著錄　《兩唐志》作《南華仙人莊子論》。

（七）《玄言新記明莊部》二卷　梁澡撰（佚）

《隋志》著錄。

第七節　莊子音義引書考

一、《莊子音義》所引書目

陸德明《經典釋文》《莊子音義》引唐前之著作，除上述《莊子》著述外，引其他書籍近百種之多，皆陸氏唐初所及見。今以書名爲綱，列其最早著錄之史志，及《釋文》引該書見於《莊子》之篇目。《音義》間舉書名，或舉人名不一，若於其人知其所著之書，則亦以書名爲準。

予編著〈釋文引書考〉既竟，復見嚴靈峰先生已著有陸德明〈莊子音義引書考略〉（《大陸雜誌》廿卷五、六期）於體例考證爲勝，故本欲一炬燬之，然以嚴作似有疏漏，故敢續貂於後，惟次第仍依嚴氏以四部分類。

書　名	著作年代	著　者	最早著錄	所引莊子篇目
經　部				
歸藏			隋志歸藏十三卷、胡應麟四部正謁以爲僞書	大宗師（按引「昔穆王……」知爲僞書）
易	周		漢志易經十二篇	馬蹄
周易注	魏	王　弼	隋志周易十卷魏尚書郎王弼注	馬蹄
易說	漢		易說爲易緯之乾鑿度、隋志易緯八卷亡。黃奭、殷元正有輯本	天地
尚書			漢志尚書古文經四十六卷	在宥

尚書傳	漢	孔安國	隋志古文尚書十三卷、漢臨淮太守孔安國傳。又今文尚書十四卷、孔安國傳	養生主、馬蹄
詩			漢志詩經二十八卷	天運
毛詩傳	漢	毛萇	漢志毛詩二十九卷	駢拇、在宥
詩箋	漢	鄭玄	隋志毛詩二十卷鄭玄箋	秋水
毛詩草木疏	吳	陸璣	隋志毛詩草木蟲魚疏二卷，烏程令陸璣撰	逍遙遊、齊物論
韓詩外傳	漢	韓嬰	漢志韓詩外傳六卷	讓王
周禮			隋志周官禮十二卷	逍遙遊、駢拇、胠篋
周禮注	漢	鄭玄	隋志周官禮十二卷鄭玄注	大宗師、盜跖
周禮考工記注	漢	鄭眾	釋文序錄云「大司農仲師名眾作周禮解詁」亡。馬國翰有輯本	大宗師
禮統	梁	賀述	舊唐志禮統十三卷賀述撰，亡。王謨、馬國翰有輯本	天地
月令	漢		在禮記內、漢志禮記三十一篇	逍遙遊（簡文帝引）、大宗師
春秋	周		漢志春秋古經十二篇十一卷	胠篋
左傳	周	左丘明	漢志左氏傳三十卷	養生主、大宗師、胠篋、秋水、盜跖
左傳注	晉	杜預	隋志春秋左氏傳集解三十卷，杜預撰	駢拇、馬蹄
論語	周		漢志古論語二十一篇	山木、讓王
家語	漢		漢志孔子家語二十七卷，師古曰非今所有家語	讓王
白虎通	漢	班固	隋志白虎通六卷	秋水
風俗通	漢	應劭	隋志卅一卷、今存十卷	秋水
說文	漢	許慎	隋志說文十五卷	內七篇、天地、天運、秋水、至樂、山木、庚桑楚、天下，又養生主「崔云許叔重曰」所曰亦見說文
釋名	漢	劉熙	兩唐志釋名八卷	駢拇、馬蹄、天道、秋水、山木
方言	漢	揚雄	新唐志揚雄別國方言十三卷	人間世、駢拇、天運、庚桑楚

聲類		魏	李　登	隋志聲類十卷，亡。任大椿、馬國翰、黃奭、顧震福、龍璋有輯本	馬蹄、讓王
通俗文		漢	服　虔	隋志通俗文一卷、亡。任大椿、臧庸、馬國翰、黃奭、顧懷三、顧震福、龍璋有輯本	馬蹄、天道、讓王
蒼頡篇	蒼頡篇	秦	李　斯	漢志蒼頡一篇，亡。任兆麟、任大椿、孫星衍、黃奭、顧震福、陳其榮、王國維、龍璋有輯本	大宗師
	爰歷篇	秦	趙　高		
	博學篇	秦	胡毋敬		
爾雅		周		漢志爾雅三卷二十篇	逍遙遊、齊物論、駢拇、胠篋、在宥、天地、天運、秋水、至樂、達生、山木、庚桑楚、徐無鬼、外物、讓王、列禦寇
爾雅注		晉	郭　璞	舊唐志爾雅三卷，郭璞注	秋水
爾雅注		漢	樊　光	兩唐志爾雅六卷，樊光注，亡。馬國翰、黃奭有輯本。	齊物論、至樂
小爾雅		漢	孔　鮒	漢志小爾雅一篇	逍遙遊、齊物論
玉篇		梁	顧野王	隋志玉篇三十一卷	至樂、則陽
字林		晉	呂　忱	隋志字林七卷	逍遙遊、齊物論、養生主、駢拇、馬蹄、在宥、天地、天運、秋水、山木、庚桑楚、徐無鬼、則陽、外物、列禦寇、天下
廣雅		魏	張　揖	兩唐志廣雅四卷	逍遙遊、人間世、大宗師、駢拇、胠篋、在宥、天地、天道、天運、刻意、秋水、達生、徐無鬼、則陽、寓言、讓王、盜跖
三蒼		秦漢	李　斯　揚　雄　賈　汸	隋志三蒼三卷，李斯、揚雄、賈汸作，亡。任大椿、顧震福、馬國翰、龍璋有輯本	齊物論（郭璞云）駢拇、胠篋、天運、秋水、庚桑楚、徐無鬼、則陽、說劍、列禦寇、天下

三蒼解詁	晉	郭 璞	隋志三蒼三卷郭璞注，亡。黃奭、顧震福有輯本	讓王
字書			隋志字書三卷。又十卷，亡。任大椿、黃奭、顧震福、龍璋有輯本	馬蹄、達生、天下
篆書			唐前書志不著錄、隋志蕭子政古今篆隸雜字體一卷無名氏篆隸雜二卷未悉是否此書	德充符
字韻			唐前書志不著錄	馬蹄
史　部				
史記（太史公書）	漢	司馬遷	漢志太史公書百三十篇隋志作史記	大宗師、駢拇、胠篋、庚桑楚（作太史公書）則陽
史記注	宋	裴 駰	隋志史記八十卷，宋南中郎外兵參軍裴駰注	天運
漢書	漢	班 固	隋志漢書一百十五卷	駢拇、至樂
漢書注		李 奇		盜跖
漢書注		如 淳		漁父
漢書注		蘇 林		外物
漢書音		蘇 林		逍遙遊
漢書音義	吳	韋 昭	隋志漢書音義七卷韋昭撰，亡。	徐無鬼、盜跖、又讓王反切、天下直音
漢書音訓		服 虔	隋志漢書音訓一卷服虔撰，亡。	徐無鬼
漢書古今人表	漢	班 固	今在漢書內	庚桑楚
漢書古今人表注		孟 康		讓王
紀年			晉書束晳傳竹書紀年十三篇	讓王
世本			漢志世本十五篇應劭宋衷宋均注，亡。秦嘉謨、孫馮翼、茆泮林、王仁俊有輯本	逍遙遊
漢令			唐前書志不著錄	在宥（字林引）

漢武內傳		託名班固	隋志漢武內傳三卷	大宗師
山海經	漢		漢志山海經十三篇	大宗師（或司馬引）天運、讓王
大荒經	漢		在山海經內	大宗師（崔引）
海外經	漢		在山海經內	大宗師
山海經注	晉	郭　璞	隋志山海經二十三卷	齊物論
十洲記	漢	東方朔	隋志十洲記一卷	逍遙遊
高士傳	晉	皇甫謐	隋志高士傳六卷	逍遙遊大宗師皆作皇甫謐
洞紀	吳	韋　昭	隋志洞紀四卷、亡	說劍
地理書	齊	陸　澄	隋志地理書一百四十九卷，亡。有王謨輯本	逍遙遊
國語	周		漢志國語二十一篇	至樂（司馬引）
周書			隋志周書十卷	逍遙遊
吳越春秋	漢		隋志吳越春秋十卷趙曄撰又皇甫遵撰、今存趙著	達生、徐無鬼
戰國策	漢		漢志戰國策三十三篇隋志三十二卷劉向錄	盜跖
通變經			未見書志著錄	天地
清冷傳			未見書志著錄	大宗師（司馬引）
子　部				
黃帝素問			漢志黃帝內經十八卷隋志黃帝素問九卷	駢拇
管子			漢志管子八十六篇	齊物論、養生主
墨子	周	墨　翟	漢志墨子七十一篇	天下
孟子	周	孟　軻	漢志孟子十一篇	駢拇、讓王
尸子	周	尸　佼	漢志尸子二十篇	齊物論、大宗師、應帝王、駢拇
魯連子	周	魯仲連	漢志魯仲連子十四篇，亡。有洪頤煊、馬國翰輯本	讓王
尹文子	周	尹　文	漢志尹文子一篇	天運
慎子	周	慎　到	漢志慎子四十二篇	天下

呂氏春秋	秦	呂不韋	漢志呂氏春秋二十六篇	外物
淮南子	漢	劉 安	漢志淮南內二十一篇、外三十三篇	齊物論、人間世、大宗師（或崔云）、應帝王、馬蹄、胠篋、秋水、達生、庚桑楚、讓王
淮南子注	漢	許 慎	隋志淮南子二十一卷，許慎注，亡	大宗師、胠篋、又天道、秋水、讓王作許慎
說苑	漢	劉 向	隋志說苑二十卷	外物
長曆			新唐志七政長曆三卷，亡。今說郛有吳徐整長曆	說劍
石氏星經		石申甫	隋志石氏星簿經讚一卷，舊唐志作石申甫撰	馬蹄
星經			隋志星經二卷	大宗師
明經		陵陽明		逍遙遊（楚辭注引）
集　　部				
楚辭	周	屈 原	漢志屈原賦二十五篇	逍遙遊
楚辭注	漢	王 逸	隋志楚辭十二卷、後漢校書郎王逸注	逍遙遊、齊物論
西京賦	宋	褚詮之	隋志百賦音十卷、宋御史褚詮之撰，亡。	秋水

　　此外但舉人名，而著作難考者有韋昭（〈逍遙遊〉）、班固（〈齊物論〉）、宋均（〈德充府〉）、張揖（〈駢拇〉）、馬氏（〈馬蹄〉向云）、鄭玄（〈馬蹄〉）、徐廣（〈至樂〉、唐云（〈讓王〉）。

　　至若未引人名書名之異說，亦為數不少，如「說者云」「一說云」「一云」「又云」「又一云」「或云」「一曰」「或曰」云云。同一云曰者非必同一人，惟皆隋前之說也。

二、莊子音義所引據之莊子版本

　　《音義》除集諸家之音與義外，尚比列異字，以明原委，茲將所引據之

版本分述如次：

1. 崔譔本　〈逍遙遊〉「斥」，《音義》：「司馬云小澤也，本亦作尺，崔本同。」同篇「呺然」，《音義》：「崔作諤。」同篇「彷徨」，《音義》：「崔本作方羊。」〈胠篋〉：「而不相往來」，《音義》：「一本作不相與往來，檢元嘉中郭注本及崔向永和中本，並無與字。」按「崔向永和中本」，或即《音義》時時引出之「向崔本」，向秀注莊於《莊子》正文可能多依崔本，疑至晉穆帝永和年間（公元 345～357），崔向二本有合為一本者，曰「崔向永和中本」，即「向崔本」，而崔注似仍有單行本，即所謂「崔本」，或簡稱「崔」。

2. 向秀本　〈大宗師〉「顙」，《音義》：「向本作魌。」〈外物〉「詉」，《音義》：「向本作弦。」

3. 司馬本　〈秋水〉「赴水」，《音義》：「司馬本作踣。」〈田子方〉「是求馬於唐肆也」，《音義》：「司馬本作廣肆」。按司馬本訓詁最佳。

4. 郭象本　〈胠篋篇〉之元嘉郭注本，元嘉係劉宋文帝年號（424～453），為今見最早郭本之名，日本高山寺舊鈔本即由元嘉本出（見王叔岷跋）。同篇云：「一旦」，《音義》：「宋元嘉中本作一日。」〈達生〉「彷徨」，《音義》：「元嘉本作房皇。」後者為前者之省稱。〈齊物論〉「殽亂」，《音義》：「郭作散」，亦是郭本。

5. 李軌本　〈齊物論〉「炎炎」，《音義》：「李作淡，徒濫反。李頤云：同是非也。」李則李軌無疑。然〈在宥〉「胑」，《音義》：「李扶蓋反，云白肉也，或云字當作紼」，李軌無注，又疑是李頤。

6. 徐邈本　〈徐無鬼〉「揉」，《音義》：「徐本作採」

7. 簡文本　〈齊物論〉「恢」，《音義》「簡文本作弔」

此外尚有未具名之版本：

一本　〈大宗師〉「予因以求時夜」，《音義》：「一本無求字。」〈徐無鬼〉「不能同」，《音義》：「一本作相同」。

或本　〈大宗師〉「端倪」，《音義》：「本或作況。」〈逍遙遊〉「紲」，《音義》：「字或作紼」。

又本　〈逍遙遊〉「接輿」，《音義》：「本又作與。」同篇「旁」，《音義》：「字又作磅」。

亦本　〈逍遙遊〉「至至者」，《音義》：「本亦作至足者」。

今本　〈逍遙遊〉「不辟」，《音義》：「今本多作避」。

舊本　〈人間世〉「知避」，《音義》：「舊本作實」。

此不知名本，非同作某本者即同一版本，蓋爲行文之方便也。

第八節　莊子篇目與佚篇佚文考

一、篇　目

現存郭象注本凡三十三篇，計

（一）內篇七篇：〈逍遙遊〉，〈齊物論〉，〈養生主〉，〈人間世〉，〈德充符〉，〈大宗師〉，〈應帝王〉。

（二）外篇十五篇：〈駢拇〉，〈馬蹄〉，〈胠篋〉，〈在宥〉，〈天地〉，〈天道〉，〈天運〉，〈刻意〉，〈繕性〉，〈秋水〉，〈至樂〉，〈達生〉，〈山木〉，〈田子方〉，〈知北遊〉。

（三）雜篇十一篇：〈庚桑楚〉，〈徐无鬼〉，〈則陽〉，〈外物〉，〈寓言〉，〈讓王〉，〈盜跖〉，〈說劍〉，〈漁父〉，〈列禦寇〉，〈天下〉。

二、佚　篇

（一）〈閼奕篇〉（《文選》顏延年〈侍游蒜山詩〉注，《白帖》二，《天中記》七，陸德明〈釋文序錄〉，《莊子殘卷》）

〈釋文序錄〉引郭子玄云：「若〈閼奕〉〈意脩〉之首，〈危言〈游鳧〉〈子胥〉之篇」與日本高山寺舊鈔卷子本《莊子殘卷》郭象後語云：「若〈閼亦〉〈意脩〉之首，〈尾言〉〈游易〉〈子胥〉之篇」字略有異，日本狩野直喜〈殘卷校勘記〉引武內義雄《莊子考》云「閼亦當作閼奕，〈尾言〉當作〈卮言〉，〈遊易〉當作〈遊鳧〉」

按「亦」不必作「奕」，「亦」爲「奕」之初文，古通。《閼奕》佚文蒐於王應麟《困學紀聞》，馬敘倫《莊子義證》，王叔岷《莊子校釋》。

（二）〈意脩篇〉（〈釋文序錄〉《莊子殘卷》）。

（三）〈危言篇〉（〈釋文序錄〉《莊子殘卷》）

《殘卷》作「尾言」，狩野可能因〈寓言篇〉之例作危言，甚是。

（四）〈游鳧篇〉（《玉燭寶典》一、《荊楚歲時記》注、《藝文類聚》八二、《白帖》一、《御覽》二九·五百卅、《路史後紀》五、《餘論》三、《記纂淵

海》二、《釋文序錄》、《莊子殘卷》）

《殘卷》作〈遊鳧〉，「易」爲「鳧」之形誤，「鳧」於義爲是，且有佚文爲證，王應麟馬敍倫王叔岷皆輯之。

（五）〈子胥篇〉（《文選‧廣絕交論》注，《釋文》，《莊子殘卷》）

馬敍倫《佚文》輯之。

（六）〈畏累虛篇〉（《史記‧老莊申韓列傳》）

莊子本傳云：「畏累虛亢桑子之屬」，按〈亢桑子〉或即〈庚桑楚〉。

（七）〈惠施篇〉（《北齊書‧杜弼傳》）

〈傳〉云「弼曾注《莊子‧惠施篇》」。按〈天下篇〉「惠施多方」以下與《列子‧仲尼篇》後半相似，《釋文》不引崔向注及音，張湛於〈仲尼篇〉前半時引有向注，後半亦無，是崔向未注也。且〈天下篇〉述諸子，每段皆曰：「古之道術有在於是者，□聞其風而悅之」，惠施一段獨無，〈天下〉前皆陳述諸子之短，後獨許莊子之長，而惠施復列莊子之後，於例不倫，故知「惠施多方」以下甚可能爲〈惠施篇〉之首

（八）〈馬捶篇〉（《南史‧文學傳》何思澄）

〈傳〉云「何子朗……嘗爲〈敗家賦〉擬莊周〈馬捶〉。」清孫志祖《讀書脞錄續篇》云「蓋〈馬捶〉亦逸篇也。」予按馬捶一詞，見於〈至樂篇〉「莊子之楚，見空髑髏，髐然有形，撽以馬捶。」捶，箠也。馬捶猶馬杖也。何氏既爲《敗家賦》，宜用此典。若張衡之《髑髏賦》，亦引此事，則疑馬捶非篇名。

（九）《莊子略要》（《文選》謝靈運〈入華子岡詩〉注，江文通〈擬許詢詩〉注，任彥昇〈齊竟陵王行狀〉注，陶淵明〈歸去來辭〉注。）

按清俞正燮《癸巳存稿》以爲司馬彪五十二篇本有淮南王《莊子略要》，宋王應麟《玉海》作「《要略》」。言劉安門下所著也。

（十）莊子后解（《文選》張景陽〈七命〉注）

按《文選》作淮南子《莊子后解》，或即爲《略要》之異名，詳見第一節。

三、佚 文

莊子篇章字句，唐代以前刪芟散失者甚多，惟尙可在當時文獻尋檢若干片羽，至宋代王應麟始據《太平御覽》，《藝文類聚》，《文選》注，《後漢書》注，《世說新語》注引出佚文三十九條（《困學紀聞》）。清閻若璩引漢嚴遵《老

子指歸》補八條。全祖望云「張南漪語予曰『《道德指歸》，前有谷神子序，其曰嚴君平，姓莊氏，故稱莊子，班氏避明帝諱，更之為嚴，然則篇中所稱莊子者，皆君平自稱也……閻潛邱乃以為莊周逸篇之文，以補王厚齊之漏，何其稱也，其所引亦不完。』南漪之言覈而篤，然余并疑是書乃贗本。」全王二氏所言皆是，該文冗長，文與義去《莊子》甚遠。

其後孫志祖由《穀梁傳》、《顏氏家訓》、《文選注》、《藝文類聚》、《初學記》、《南史》得十三條（《讀書脞錄續篇》），然有文句稍異者，有非佚文者，故翁元圻曰：「孫氏或未詳考」。（以上皆見《困學紀聞》卷十）

清人輯司馬彪注本者多起，亦得佚文，見清黃奭《逸莊子》一卷（《漢學堂叢書黃氏逸書考》）、王仁俊《莊子佚文》一卷（《經籍佚文》）。

近世馬敘倫輯有《莊子佚文》一卷，附於《義證》之後（民國 19 年版），從桓譚《新論》，仲長統《昌言》，張華《博物志》，張湛《列子注》，謝靈運〈山居賦自注〉，顧野王《玉篇》，劉孝標《世說注》，梁元帝《金樓子》，釋僧順《三破論》，杜臺卿《玉燭寶典》，陸法言《切韻》，虞世南《北堂書鈔》，成玄英《老子義疏》，歐陽詢《藝文類聚》，李賢《後漢書注》，司馬貞《史記索隱》，李善《文選注》，慧琳《一切經音義》，湛然《輔行記》，楊倞《荀子注》，徐堅《初學記》，白居易《六帖》，李昉《太平御覽》，釋慧寶《北山錄注》，陳文耀《天中記》等書引得六七十條（見《莊子佚文輯錄序》），合之舊輯，凡一百二十八條，序云「其間或有所疑，輒附所見，然宋以前載籍所引，當有可搜獲者，即前列諸書中，許有披覽疑略，以致漏失者。」故尚有俟來者。

民國 33 年王叔岷承馬氏之作，復增二十條許，著《莊子佚文》凡一百四十九條，在《莊子校釋》〈附錄一〉中，最為詳盡。

第九節　現存莊子版本

《莊子》古今存佚書目以嚴靈峰「《老列莊三子知見書目》」搜集最全，惟上下縱列，疏見條理，今博採《叢書總目類編》、《叢書子目類編》、《叢書大辭典》、《增訂四庫簡明目錄標注》、《書目答問補正》並嚴著，就其存於今世之重要版本及予所知之近作，列二項，每項依版本而分目，類目之名雖異，皆由上本而刊行者也。

一、《莊子》無注本

（一）《南華真經》五卷

1. 《道藏・洞神部》本文類：（1）明正統（公元 1436～1449）中刊續萬曆中刊本。（2）民國 12 至 15 年上海商務印書館景印正統本。（3）民國 52 年台灣藝文印書館景印。

2. 《道藏舉要》第二類
   民國上海商務印書館輯明本景印本。

△《莊子南華眞經》五卷（註：△者皆由上類 1.版本孳乳，下同）
《四子全書》明董逢元輯。萬曆廿三年（1595 年）昆陵董氏秋聲閣刊本。

△《莊子》十卷
1. 《六子書》：明許宗魯輯，有樊川別業本，耶山精舍本。
2. 《六子全書》：明嘉靖六年（1527）芸窗書院刊本。

△《南華眞經》十卷
1. 《紫薇堂四子》：明陸明揚輯，萬曆五年（1577）刊本。
2. 《四子書》：明萬曆九年（1581）陳楠刊本。

△《莊子南華眞經》十卷
《莊騷合刻》：明俞安期輯，萬曆卅五年（1607）俞氏廖廖閣刊本。

△《莊子南華眞經》八卷
《老莊合刻》：明萬曆廿三年（1595）武林郁文瑞尙友軒刊本

△《莊子南華眞經》三卷
《二十子》：明吳勉學輯，萬曆中刊本。

（二）《莊子南華真經》四卷附唐陸德明音義

《三子合刊》：明閔齊伋輯，閔氏套印本。

（三）《南華真經》三卷附清郭嵩燾《札記》一卷

1. 《子書百家道家類》：清光緒元年（1875）湖北崇文書局刊本
2. 《百子全書道家類》：民國 8 年（1919）上海掃葉山房石印本

（四）《莊子》一卷

《述記》（《三代兩漢遺書》）：清任兆麟輯（1）乾隆五十三年（1788）映雪堂刊本（2）嘉慶十五（1810）邃古堂刊本。

（五）《南華真經》不分卷

《丁惟魯遺著》：民國丁惟魯錄

二、《莊子》郭象注本

（一）《莊子南華真經》十卷

《三經晉註》：明盧復輯，溪香館刊本。

△《莊子註》十卷

1. 《四庫全書・子部・道家類》：清乾隆卅年（1765）敕輯，江蘇巡撫採進本。

2. 擒藻堂《四庫全書薈要・子部》：清于敏中等輯，乾隆卅八年（1773）鈔本。

△《南華真經殘》一卷（存〈刻意〉）唐寫本景印

《鳴沙石室古籍叢殘》：民國羅振玉輯，1917年上虞羅氏景印本。

△《莊子殘》一卷（存〈山木〉），一卷（存〈徐無鬼〉），同上

△《南華真經》殘（存〈田子方〉）

1. 《敦煌石室遺書》三種：羅振玉1924年據敦煌石室唐寫本景印本。

2. 《東方學會叢書・初集・敦煌石室碎金》：羅振玉1924年東方學會排印本。

3. 《貞松堂藏西陲秘籍叢殘》第一集：羅振玉據唐寫本景印本。

△莊子殘一卷（存卷三），一卷（存卷九）。

《敦煌秘籍留真新編》下卷：日本神田喜一郎輯，民國陸志鴻編，1947年台灣大學據敦煌寫本景印。

△《敦煌本郭象注莊子南華真經輯影》一卷

日本福井大學寺岡龍舍教授，1960年輯中日英法四國所藏敦煌唐寫本十四種景印，為搜唐寫本最全者。福井漢文學會景印本。

（二）《纂圖互注南華真經》十卷。陸德明音義。

1. 《纂圖互注五子》：明刊五色套印本。

2. 《算圖互注六子》：（1）元建陽書坊刊本（2）明正德十四年（1519）仁寶堂刊本

（三）《南華真經》十卷。陸德明音義。

1.《六子全書》：（1）明顧春輯，嘉靖十二年（1533）吳郡顧氏世德堂本。
（2）民國 3 年（1914）右文社據明世德堂本景印本。（3）又明桐陰書屋刊本。

2.《十子全書》：清王子興輯，嘉慶九年（1804）姑蘇王氏聚文堂刊本。

3.《續古逸叢書》：（1）民國張元濟等輯，民國 11 年（公元 1922 年）起，
上海商務印書館，依涵芬樓宋本景印。卷一至卷六（〈逍遙遊〉至〈至樂〉）
為南宋本，卷七至卷十（〈達生〉至〈天下〉）為北宋本。為《莊子》之善本。
民國 33 年（1944）王叔岷即以此本作《莊子校釋》。（2）民國 48 年台灣藝文
印書館景印。

△《莊子南華真經》十卷。陸德明音義。

《中都四子集》：明張登雲輯，萬曆七年（1579）臨川朱東光刊本。

△《莊子》十卷。陸德明音義。

1.《二十二子》：清光緒中浙江書局刊本。

2.《二十五子彙函》：清光緒十九年（1893）上海鴻文書局石印本。

3.《子書二十二種》：清光緒二十三年（1897）上海圖書集成局排印本。

4.《子書二十八種》：清宣統三年（1911）育文書局石印本。

5.《子書四十八種》：民國五鳳樓主人輯，9 年（1920）上海五鳳樓石印本。

6.《袖珍古書讀本》：民國 19 年（1930）上海中華書局排印本。

7.《四部備要・子部周秦諸子》：（1）民國上海中華書局輯，25 年（1936）
　排印本，及縮印本。（2）55 年（1966）台灣中華書局景印本。

△《南華真經》十卷附《札記》。陸德明音義。民國孫毓修《札記》。

《四部叢刊子部》：民國張元濟等輯。上海商務印書館民國 8 年（1919）
　景印本。18 年（1929）二次景印本。25 年（1936）縮印本。54 年台灣
　商務印書館縮本。是書據上海涵芬樓藏明世德堂刊本景印，孫氏以南宋
　重開北宋安仁趙諫議宅本相校，亦為《莊子》善本，王叔岷有《校記》。

（四）《南華真經注疏》三十五卷。成玄英疏。

1.《道藏洞神部玉訣類》：（1）正統本（2）景正統本。

2.《道藏舉要》第二類：民國上海商務印書館據明本景印本。

△《南華真經注疏》十卷。成玄英疏。

《古逸叢書》：（1）清黎庶昌輯，光緒中遵義黎民日本東京使署據宋本景印

（2）清光緒二十年（1894）郭慶藩以此本作《集釋》（長沙思賢講舍刻本）（3）民國 50 年（1961）王孝魚重點校整理，堪稱善本（中華書局）。

△《南華眞經》不分卷。成玄英疏

《重刊道藏輯要牛集》：清彭定求輯，閻永和增，光緒卅二年（1906）成都二仙庵刊本。

附：莊子版本源流略圖

先秦	莊子自著（原本） 門人 莊學 方士〔百家〕 （散篇）
兩漢	淮南王門客（初本） 〔史記言十餘萬言〕 劉向（定本） 〔分篇五十二〕 班固（漢志本）
六朝	孟氏 司馬彪（五十二篇）（廿七篇）崔譔 向秀（廿六篇） 崔向永和本 郭象（卅三篇） 李頤（三十篇） 元嘉本
唐	唐寫本
宋	亡　亡亡亡　趙諫議本　亡

第三章　莊子各篇作者及時代考

第一節　古書辨僞之態度

　　前人治子書，好辨眞僞，眞僞固宜辨也；若一味崇眞黜僞，不知取舍，則深深以爲不可也。今存先秦諸子書，除後世託名僞作者不論外，其最純眞者，不過是第一代弟子之蒐輯整理，然仍不免失其原意之本眞，況乎經後人損益補述而輯者，欲求其本眞，恐十不得六七矣。予每感於此，輒輟筆長思，積日有悟，以爲對子書（古書亦然）眞僞之態度應有五事：

　　一、資料與方法上不可避免之缺陷，已難分辨本書原貌。若復冒然斷其眞僞，必有失誤。若一篇之中有僞之證據，亦不能定其全篇皆僞，蓋一則不能以偏該全，二則古之簡冊編合離散今不能知也。而全篇或全書果係後人僞作，亦未必無原始本眞之資料混雜於僞作之中，則辨僞工作，在技術上言並非絕對必要之步驟。

　　二、後人蒐輯或補述，多不離所屬該家原著之思想主旨。或枝節上，不同來源之資料，不免相互鑿枘，然於全書義理上，大抵無損，則此以一人爲軀體，若干人爲羽翼之學說，正說明此學派之源流與發展。甚或有若干後補之說，青出於藍，則專取其眞於某子之言者，似不明歷史有前進之定律。

　　三、諸子之勃發，乃是先秦社會，政治，經濟變動下，所推動之學術思想之外射，而衍爲若干當時必然會形成之學派，此學派以思想爲主軸，非個人爲中心，若先秦無老莊出，自然無爲之出世思想仍會由他人發動。故但取一人之說，廢一學派之論，在全面學術之發展中，使其人於該學派（如孟子

書是孟子學派之總集，莊子書爲莊子學派之總集）及諸學派之中，縮爲孤立之小天地。

四、今日研究先秦學術思想，應由昔人點線之研究，進而作面之發展，凡是涓滴片羽之先秦典籍散簡，皆以史料視之；凡一切足以信之史料，一律平等。其思想綿密者，言以綿密；鬆弛者，言以鬆弛；乖戾者，言以乖戾，苟有善惡，固不必善善惡惡，亦不必揚善隱惡也，前人每於非原作者則群起而擊之，嗤之而弗論，吾不爲也。

五、此原著與第二次補著，所以欲區別之者，蓋用於原著其人生平事蹟之研究之時，則以原著爲優先，以後著輔之。

莊子書非一人一時之作也，非一人一時之輯也，千載遺籍，難免駁雜。向來皆謂內篇爲莊周自作，外雜篇爲後人所作，內篇爲眞，外雜篇亦未必皆眞也。今欲考莊書之著作時代，不必拘於篇章，蓋一篇未必一人一時之作，故宜散其篇而論之，然爲說明之方便，仍以舊篇爲綱維。

第二節　內篇著作時代

一、逍遙遊

內篇以三字括本篇之義爲名，與外雜篇多以篇首二、三字爲名者不類。

〈逍遙遊〉篇素來未有疑非莊周自作者。林雲銘《莊子因》曰：「逍遙，徜徉自適之貌，遊即所謂心有天遊是也；此三字是莊叟一生大本領，故以爲內篇之冠。」逍遙一詞，郭注：「夫小大雖殊，而放於自得之場，則物任其性，事稱其能，各當其分，逍遙一也。」（又《世說新語》注向郭之義略同）唐釋湛然《止觀輔行傳》弘決引王瞀夜曰：「逍遙者，調暢逸豫之意」（見《釋文》。唐成玄英《莊子序》引作穆夜云：逍遙者，蓋是放狂自得之名也。詞異於《釋文》）此皆有調暢自得之意。自六朝而千載，大抵咸作是解。及清末郭嵩燾於郭注略有修正，曰：「首篇〈逍遙遊〉者，莊子用其無端崖之詞以自喻也，注謂小大雖殊，逍遙一也，似失莊子之恉。」則逍遙本義，實有重新察考之必要。

逍遙二字，始見於《詩》。〈鄭風・清人〉：「河上乎翱翔……河上乎逍遙。」翱翔與逍遙對文，陳奐曰：「《文選・南都賦》注引《韓詩》『逍遙，遊也。』《廣雅》『逍遙，懹徉也。』逍遙謂之懹徉，猶翱翔謂之彷徉。〈檜・羔裘〉箋：『翱翔猶逍遙也』。」（《毛氏傳疏》）〈檜風・羔裘〉：『羔裘逍遙……羔裘翱翔』《傳》：

「羔裘以遊燕」《正義》曰：「逍遙翱翔，是遊戲燕樂，故言燕耳。」〈小雅‧白駒〉：「所謂伊人，於焉逍遙」，《鄭箋》以遊息訓之。又觀《離騷》：「聊逍遙以相羊」，王逸注：「逍遙相羊皆游也。」《離騷》：「聊浮游以逍遙」，浮游與逍遙對文，《九歌‧湘君》：「聊逍遙容與」〈九章‧哀郢〉：「今逍遙而來東」〈悲回風〉：「聊逍遙以自恃」，王逸皆訓游戲。《史記‧司馬相如傳》：「招搖乎襄羊」，《漢書》作「消搖」，又《集韻》四宵引《說文》佚文曰：「逍遙猶翱翔也。」司馬相如《長門賦》：「步逍遙以自虞」，良注：「逍遙，行貌。」

大抵西漢前，逍遙一詞殆訓爲遊。二字爲疊韻衍聲複詞，凡衍聲複詞，係以聲音成詞，不必以字爲準，故凡「翱翔」「消搖」「儴徉」「彷徉」「相羊」「襄羊」「招搖」皆「逍遙」語根所孳乳也。衍聲複詞不能分其字解釋，故成氏《莊子序》引顧桐柏及支道林（又見《世說注》）之分解逍遙二字，非得正詁。然則逍遙遊，非「遊遊」者乎？今復考《莊子》本書，以索其正解。（1）〈逍遙遊篇〉曰：「彷徨乎無爲其側，逍遙乎寢臥其下。」（2）〈大宗師篇〉及〈達生篇〉曰：「芒然彷徨乎塵垢之外，逍遙乎無爲之業。」（3）〈天運篇〉曰：「古之至人……以游逍遙之墟，食於苟簡之田，立於不貸之圃。逍遙，無爲也。」（4）〈讓王篇〉曰：「日出而作，日入而息，逍遙於天地之間，而心意自得。」按彷徨即逍遙也，訓動詞之「遊」。〈天運〉之逍遙，是「逍遙之墟」詞組之形容詞附加詞，詞性已變，疑非先秦所有，〈讓王〉之逍遙亦猶遊也。又曰「心意自得」，則「逍遙」無自得之義也明矣，以上四條皆訓遊或遊貌，與詩騷略同，而皆不作調暢自得解，若有異，則莊子隱然有無爲之義，凡逍遙之字皆與無爲之義相涉，故莊書曰：「逍遙，無爲也。」

由是知郭等注逍遙有「調暢自得」之意，非莊書本意也。而「逍遙遊」之爲篇名，亦非莊子舊有，「逍遙」爲「遊」之形容詞，非詩騷之通例，疑此篇名爲劉向所取定，亦即內篇與外雜篇之篇名，或皆定於劉向父子也（部分依舊名）。

唯本篇章句亦頗紊亂，茲分項論之：

一、冥海之魚鳥事數出，此爲編輯時訛誤或日後錯簡之遺跡，非莊周故意爲之，前人不知，屢稱其奇，曷可怪哉！陶望齡《解莊》曰：「扶搖而上，形容其高，視下蒼蒼，却以視上比之；又突入野馬，塵埃，此倒插法。」王世貞《評點》曰：「一事兩敘，奇！」惟文氣渾厚健勁，或確爲莊生之宏文。（受楚化甚深）

二、《列子·黃帝篇》之「姑射山神人」及〈湯問篇〉之「殷湯問於夏革」「荊之南有冥靈」「終髮之北」與本篇同，可能為《列子》引古本《莊子》，而今本多易動，亦可能為同一資料來源，蓋多南方方士之長生思想。

三、堯讓天下於許由事，亦見於《呂覽·求人篇》，「鷦鷯」，《呂覽》作「嘵嘹」文字簡拙，疑亦同出一源。

四、日本武內義雄以為本篇許由一節以下，應接〈齊物論〉〈應帝王〉之王倪、齧缺、被衣三人之問答，不然堯見四子於藐姑射之山，「四子少其三人。」（司馬彪已注出）則或原雖為莊周之作，今支離破碎矣。

五、末章引惠莊之論大樹，論樹又見於〈人間世〉篇及〈山木篇〉。又《呂覽·必己篇》尤同於〈山木篇〉，疑此事早有傳說，至周（戰國末）秦之間，演為不同之記載，本章或為弟子所記。

是以本篇大半或為莊子自作，部分弟子所作，漢初收集成一篇，而後世猶有更易焉。

二、齊物論

《莊子》之有〈齊物論〉，猶形骸之有魂魄也。莊書之義理，多由〈齊物論〉推出，始得圓融無瑕。故章太炎有〈齊物論釋〉，林公鐸有〈釋齊物論〉，要以是篇為莊書之堂室也。

近世傅斯年發千載之異響，以為〈齊物論〉係慎到所作，（民國二十五年中央研究院史語所《集刊》第六本題為「《誰是齊物論的作者》」）其所據之理由為：（一）〈齊物論〉在莊書中獨顯異采，以文詞論，曲折幽眇，不似他篇之昭朗翱翔。（二）思想決然無主，不似他篇之睥睨眾家。（三）《莊子·天下篇》舉慎到之學說「棄知去己」「舍是與非」「塊不失道」等義，與〈齊物論〉思想相合，而「齊萬物以為首」一語，尤同於篇名。（四）莊書獨以此篇名「論」，在慎到荀況呂不韋之前，亦未聞以論名篇，而《史記·孟荀列傳》曰：「慎到著十二論」，則〈齊物論〉乃慎到所著十二論之首也。

此說一起，顧頡剛容肇祖皆和之。（顧有〈從呂氏春秋推測老子之成書年代〉一文，容見其《中國文學史大綱》。）證據雖不少，自然不是萬全。故近人吳康作〈莊子齊物論作者辨〉，反對傅氏之說，以為仍莊子所作。（一）莊周慎到同主自然之說，而內容趣致不同，莊子自然本相，休乎天鈞，是非兩衍，萬物一體，此〈齊物論〉之中心思想。慎子則尚法重勢，以勢位推行法

令，不賴賢智，使法勢成爲齊萬物之準。（二）愼子《十二論》已佚，篇名亦未著列，不可據「齊萬物以爲首」一語，斷其爲十二論之首篇。（三）莊書雖「齊物」外，無以「論」名篇，亦不能遽斷其非莊生作也。（四）〈齊物〉文詞內容，左右屈信，可隨人爲說，尤不易據是以辨〈齊物〉與他篇之異同也。（《錫園哲學文集》）

　　予按翻古人舊案，欲有完整而無懈之證據，原不可得。然吳氏之辨，亦不能置傳說於死地。所謂內容趣致原是未有新意見前之主觀見解，若承認〈齊物論〉爲愼到或其弟子所作，則愼子思想自是必須重估。而其他各點，亦皆消極之證據，非攻擊性之積極證據。今復尋其文詞，果與內篇不同，尤以寓少論多，與莊書寓言十九體例迥別。蓋本篇於莊書中最爲晦澀難讀，非特詞句之曲折，行文亦每失之於照應。諒所經蒐集損益工夫，必頗周章，蓋文字古奧，注者以意去取，遺詞墜字，不可卒讀。故本文「夫道未始有封」一章，《釋文》引崔譔曰：「《齊物》七章，此連上章，而班固說在外篇。」晉去東漢不久，郭本已非班固舊貌。近人嚴靈峰重訂〈齊物論〉，取本篇部分與〈養生主〉、〈寓言〉、〈知北遊〉、〈外物〉、〈天地〉、〈田子方〉及〈世說注〉組成新篇，條理井然。此吾人雖不必信爲莊書舊觀，然〈齊物論〉之紊亂則不容否認。故嚴氏曰：「《莊子書》闕有閒，錯簡脫文，俯拾即是，尤其〈齊物論〉一篇爲甚，顚例散亂，有不可句讀者。」（《莊子章句新編》）則吾人實不能承認本篇原作爲莊周一人。

　　由是知〈齊物論〉作者，吾不敢斷曰莊周，亦不敢斷曰非莊周，破霾見日，有待來茲焉。

三、養生主

　　莊書各篇之命名，殆在整理成篇之後。特內外篇不同時不同標準耳。而一篇中之材料頗不一致，故內篇篇名三字，亦未必皆能籠括全篇每一材料之含義。本篇〈養生主〉實指庖丁解牛一段而已，此可信莊子自作。至若「吾生也有涯」一章雖有養生意，其句法用韻終難與庖丁解牛相銜接。「老聃死，秦失弔之」，《史記・老子本傳》「老子諡聃」，王念孫《讀書雜志》以爲字聃，若此老聃在莊子之前，則此段可能莊周自作。然亦有疑爲傳說中之博大眞人（馮友蘭《中國哲學史》），亦有以爲長耳之壽者（錢穆《莊老通辨》），則是否出於周筆又不能定矣。此外本篇字數於莊書各篇爲最少，不及內篇諸篇之半，疑散失之故也。

四、人間世

葉國慶《莊子研究》以本篇不出於莊子，乃學莊所作，其所執之疑點如下：

（一）體裁不類　內篇皆有議論有譬喻，獨本篇係七段故事組成。

（二）意義不連貫　第四第五第六章皆喻不才之物得以自全，與上文之意不連串。第四第五章一言社樹，一言大木，又是重複。末段楚狂譏孔子不知進退，又與上段意不合。蓋第一第二段仲尼為一明道之人，在末段忽變為一暗昧之人，前後自相矛盾呢！

（三）思想不類　「古之至人，先存諸己，而後存諸人，所存于己者未定，何暇至於暴人之所行。」與〈逍遙遊〉「至人無己，神人無功，聖人無名」不合，而句似脫自《大學》「是故君子有諸己而后求諸人，無諸己而后非諸人。」而仲尼曰「子之愛親命也」一段，純為儒家口吻。

（四）抄襲　〈狂接輿歌〉乃衍《論語・微子篇》而成。

故葉氏曰：「莊子乃洸汪自恣之人，豈屑循人畦徑哉，可見此文非真。」

予按莊書各篇，欲求上下相貫，渾然一氣，殊不可得。然所陳思想不類甚是，若果出於《大學》，則此書部分成於漢初也。至於其他則仍信為莊子或門弟子所作，經後世淆亂而已。

五、德充符

本篇大抵可信為莊周之筆，唯「魯有兀者叔山无趾」一章，或作「仲尼曰」，或作「孔子曰」不合，而「天無不覆，地無不載」亦似儒家語，故疑此段非莊子自作，末段「惠子謂莊子曰」既皆稱子，亦疑為弟子所作，故附於篇後。

六、大宗師

始疑本篇部分非莊子自作者為唐蘭，民國 18 年唐氏發表〈老聃的姓名和時代考〉一文，曰：「〈人間世〉，〈德充符〉，〈大宗師〉三篇對孔子都稱仲尼，獨〈大宗師〉「子桑戶」一章，卻是例外地稱孔子，可見這一章是另一人的筆墨……不是莊子原文。」

聞一多曰：「案自篇首至『天與人不相勝也，是之謂真人。』中間凡四言『古之真人』，兩言『是之謂真人』，文意一貫，自為片斷，惟此一百一字與上下詞旨不類，疑係錯簡。且『聖人之用兵也，亡國而不失人心』，寧得為莊子語，可疑者一也。務光事與許由同科，許由者〈逍遙遊〉篇既擬之於聖人，

此於務光乃反譏之爲『役人之役，適人之適，而不自適其適者。』可疑者二也。……『利澤施於萬世』又見〈天運〉，『適人之適而不自適其適者也』又見〈駢拇〉，並在外篇中，以彼例此，則此一百一字蓋亦莊子後學之言，退之外篇可耳。」（《莊子內篇校釋》）

由是知此篇頗異莊叟之舊觀，予復舉三事如下：

　　（一）崔述《洙泗考信錄‧餘錄》以本篇「子桑戶、孟子反、子琴張三人相與友」一章，係託《孟子‧盡心篇》「萬章問曰：『敢問何如斯可謂狂矣？』曰：『如琴張、曾皙、牧皮者，孔子之所謂狂矣。』」之事，其曰：「余按琴張曾皙之狂，不過志期古人而行不掩其言，如孟子所言者是已，非有悖禮傷教事也。……此乃放蕩之士撰此言以自恣，以琴張之有狂名也，故托之，而後人或遂以爲實然，誤矣。」此言若然，則孟莊同時，孟子書成於孟軻卒後，莊子亦不能著此文。

　　（二）末章子輿與子桑之事，有「天無私覆，地無私載」二句，此思想疑爲儒家所有。《論語‧陽貨篇》曰：「天何言哉！四時行焉，百物生焉，天何言哉。」《荀子‧天論篇》曰：「天不爲人之惡寒也輟冬，地不爲人之惡遼遠也輟廣。」《禮記‧孔子閒居》曰：「孔子曰：天無私覆，地無私載，日月無私照。」《荀子》《禮記》皆戰國末造之書也。《呂氏春秋‧去私篇》亦本之曰：「天無私覆也，地無私載也，日月無私燭也，四時無私行也。」故疑莊書凡作天地無覆載之意者（又見〈應帝王〉，〈天道〉），皆戰國末年所作。

　　（三）「意而子見許由」一章亦頗有疑竇，「夫盲者无以與乎眉目顏色之好，聾者无以與乎青黃黼黻之觀」二句又見〈逍遙遊〉。許由所曰：「吾師乎……而不爲巧」又見〈天道〉，「許由曰」變爲「莊子曰」，雖可能〈天道〉襲自〈大宗師〉，然盲聾之事，又將何解釋？而文例意義多與《老子》卅四章同，疑此段是戰國末年以後近老派學者所湊成。

七、應帝王

　　本篇凡七章組成，大抵無可生疑者，唯「陽子居見老聃」，老聃之語與〈天地篇〉相類，而謂「明王之治，功蓋天下，而似不自己，化貸萬物而民弗恃。」亦與《老子》卅四章同義，故《莊子》寓言引前人之言，非皆出於杜撰。

　　以上內七篇以可信者居多，自戰國至六朝，篇章移易者屢，而始終以內篇最近莊子本眞。

第三節　外篇作者及時代考

八、駢拇，馬蹄，胠篋

此三篇爲莊書中破壞性之言論，憤慨激昂，汪洋自恣，是對亂世中束縛人性之政治與禮教之懷疑與評擊，尤以〈胠篋〉一篇，實爲先秦社會之反主流思想之重要文獻（尚有〈盜跖篇〉）。此三篇所以共論者，以同一時代同一立場也，茲分項述之：

（一）思想文辭皆與《莊子》內篇不同

1. 思　想

三篇皆掊擊聖人，反對仁義。〈駢拇〉篇曰：「枝於仁者，擢德塞性以收名聲，使天下簧鼓以奉不及之法非乎？而曾史是已。」又曰：「自虞氏招仁義以撓天下也，天下莫不奔命於仁義，是非以仁義易其性與？」〈馬蹄篇〉曰：「及至聖人，屈折禮樂以匡天下之形，縣跂仁義以慰天下之心，而民乃始踶跂好知，爭歸於利，不可止也，此亦聖人之過也。」〈胠篋篇〉曰：「聖人不死，大盜不止。……爲之仁義以矯之，則並與仁義而竊之。」內篇則以聖人爲理想，〈齊物論〉曰：「是以聖人和之以是非，而休乎天鈞。」〈人間世篇〉曰：「名實者，聖人之所不能勝也，而況若乎？」〈大宗師篇〉曰：「故聖人將遊於物之所不得遯而皆存。」皆恭維聖人，雖此聖人與內篇聖人之範疇不盡相同，然命名不一，自非出一人之手。又內篇之於仁義，雖非贊成，亦不排斥。〈齊物論〉曰：「自我觀之，仁義之端，是非之塗，樊然殽亂，吾惡能知其辯。」又曰：「大道不稱，大辯不言，大仁不仁，大廉不嗛，大勇不忮。」〈大宗師〉曰：「黥汝以仁義，而劓汝以是非矣，汝將何以遊夫遙蕩恣睢轉徙之塗乎？」由是知此三篇與內篇思想迥然不同。

2. 文　辭

元吳澄曰：「莊生書，瓌瑋參差，不以觭見之，唯〈駢拇〉〈胠篋〉〈馬蹄〉〈繕性〉〈刻意〉五篇自爲一體，其果莊氏之書乎？抑周秦間文士所爲乎？未可知也。」（《莊子內篇訂正》）按〈繕性〉〈刻意〉文同義異，故別論之。鄭瑗曰：「〈馬蹄〉〈胠篋〉諸篇，文意亦凡近，視〈逍遙遊〉〈大宗師〉諸篇殊不相侔。」（《井觀瑣言》）今觀此三篇論多喻少，前後一貫，論中多引古人古事，多駢偶，多韻語，而句法章法尤不與內篇相似。

（二）戰國嬴秦之交道家激烈派所作

焦竑曰：「之噲讓國在孟子時而莊文曰昔者陳恒弒其君，孔子請討，莊子身當其時，而〈胠篋〉曰陳成子弒其君，子孫享國十二世，即此推之，則秦末漢初之言也。豈其年踰四百歲乎？曾史盜跖與孔子同時，楊墨在孔後孟前，《莊子·內篇》三卷未嘗一及五人，則外篇雜篇多出後人可知，又封侯宰相等語，秦以前無之，且避漢文帝諱，改田恆爲田常，其爲假託尤明。」（《焦氏筆乘》）

1. 焦氏《筆乘》尙可討論之問題：一是陳成子（《莊子·胠篋》作田成子）十二世有齊國。二是曾史之年代。三是謚號。四是封侯宰相語。

林雲銘曰：「〈胠篋篇〉亦與上篇意同，但此更覺痛發，憤世嫉邪，幾於已甚矣。其文情飛舞，奇致橫生。林疑獨以篇中有十二世有齊國等語，以爲西漢之文，然西漢有此汪洋氣局，恐無此精鑿議論也。」

姚鼐曰：「〈胠篋篇〉有『十二世有齊國』語，自田常至王建十世，上合恒子無宇釐子乞爲十二世。田氏自恒子始大，故合言十二世。此篇是先秦時文字，大約外篇雜篇多非莊生所爲。此人蓋有慨於始皇，故言最憤激。〈駢拇〉〈馬蹄〉及此篇皆雄文，而此篇尤奇肆。」（《莊子章義》）

顧頡剛曰：「如〈胠篋〉言田成子殺齊君，『十二世』有齊國，可見此篇在秦滅齊後所作。如莊子與惠施同時，必不能作此語。」（〈莊子外雜篇著錄考〉——《古史辨》第一冊）

予按「十二世」之解釋頗不一致，《釋文》曰：「自敬仲至莊子，九世知齊政，自太公和至威王，三世爲齊侯，故云十二世也。」成《疏》亦本之。此說非是，俞樾已辨之。又《史記·田敬仲完世家·索隱》曰：「莊周及《鬼谷子》亦云『田成子殺齊君，十二代而有齊國。』今據〈系本〉〈系家〉自成子至王建之滅，唯祇十代，若如《紀年》，則悼子及武剡即有十二代，與《莊子》《鬼谷》說同。」此說近是，蓋《紀年》頗能糾《史記》之繆，若魏惠王後元是也，梁任公已證《史記》誤作十代，遺郤悼子及田侯郯二代（見《諸子考釋》），則《莊子·胠篋》似成於秦滅齊之後。然俞樾又曰：「《釋文》說非也。本文是說田成子，不當追從敬仲數起，疑《莊子》原文本作『世世有齊國』言自田成子之後，世世有齊國也。古書，遇重字，止於字下作＝字以識之，應作『世＝』有齊國，傳寫者誤倒之，則爲二世有齊國，於是其文不可通，而從田成子追數至敬仲適得十二世，遂臆加十字於其上耳。」（《古書

疑義舉例》）說甚合理，唯姚氏或不察田成子下推十二世，非上追也。近日嚴靈峰先生爲證明〈騈〉〈馬〉〈胠〉〈在〉四篇皆莊子自作，乃依《列子‧力命篇》（原書作〈楊朱篇〉）「田恒專有齊國」一語，改「十二世」作「專」（《莊子新編》）亦具隻眼，然此四篇終非出莊子之手，則此說似亦未諦。予按〈胠篋〉諸篇之時代背景乃爲動盪之亂世，非秦漢一統及神仙思想方興之世，故篇中未有方士風味，聖人不必指始皇，乃儒家中之虛王之稱也。則三篇之成，在戰國末葉，至晚在齊亡之時，或本作「世世」，齊亡後人遂以史實而易作「十二世」也。

2. 羅根澤曰：「曾子和史鰌並稱曾史，內篇沒有見過，外雜中其他各篇，也沒有過，惟〈天地篇〉有「跖與曾史」一句，是受了〈騈拇〉的影響，其餘先秦各書，惟《韓非子》每以二人並稱：正與四篇（〈騈〉〈馬〉〈胠〉〈在〉）爲戰國末年作相應。」（《諸子考索》）

按〈在宥篇〉亦有「曾史」一詞，其成篇之時，自在秦以後。

3. 焦氏避諱之說不確，王念孫《讀書雜志》曰：「田常本作陳成常，成其謚也，恒其名也。〈人間篇〉（按《淮南子》）正作陳成常。《呂氏春秋‧慎勢篇》同，……又說〈說山篇〉陳成子恒之劫子淵也，子字亦後人所加」（九之十三）羅根澤曰：「未必不是原作田恒，至漢改作田常？」（《諸子考索》）則名恒，字常亦不必避諱矣。

4. 「封侯」「宰相」先秦有之。壽考封侯乃西周之古制，封建即是封諸侯之土也。〈說文〉曰：「封，爵諸侯之土，從寸，寸守其制度也，公侯百里，伯七十里，子男五十里。」許愼雖爲漢人，然封字之始造，必古。而所言制度亦本諸《孟子‧萬章篇》。《穀梁傳》曰：「古者天子封諸侯，其地足以滿城而自守也。」（襄二十九年）則有封侯之詞矣。宰相見於《韓非子》〈顯學篇〉曰：「故明主之吏，宰相必起於州郡。」又《呂氏春秋‧制樂篇》曰：「宋景公之時……公曰：宰相所與治國家也，而移死焉不詳。」則焦氏說未審矣。

5. 許地山曰：「今本《鬼谷子‧符言》有『〈轉丸〉〈胠篋〉二篇皆亡』一句，《正統道藏》本注云：『或有《莊子‧胠篋》而充次第者』，可見古本《鬼谷子》收〈胠篋〉一篇。《史記‧田敬仲完世家‧索隱》所引《鬼谷子》『田成子殺齊君』句，《北堂書鈔》一四八引《鬼谷子》『魯酒薄而邯鄲圍』，皆見于今本《莊子‧胠篋篇》。」（《中國道教史》）

　　按《鬼谷子》為六朝之作，柳宗元〈辨鬼谷子〉曰：「漢時劉向班固錄書無《鬼谷子》，《鬼谷子》後出，而險鷙峭薄，恐其妄言亂世難信，學者宜其不道。」姚際恆《古今偽書考》曰：「其人本無考，況其書乎，是六朝所託無疑。」是也。蓋中有取《莊子・胠篋》以成篇者。此不足以證〈胠篋篇〉出於《鬼谷子》。

（三）受老學影響之莊子後學所作

　　王夫之云：「〈胠篋〉引老子『聖人不死大盜不止』之說而鑿鑿言之，蓋懲戰國之紛紜，而為憤激之言，亦學莊者已甚之成心也。」（《莊子解》）

　　羅根澤曰：「王夫之，姚鼐，蘇輿都說此四篇是引申老子者，皮相之言，模糊得很。『絕聖棄智』雖然是老子之說，但老子的『聖人觀』則與此絕對不同，所以可以說此四篇曾受了老子的影響，不能說是完全引申老子之說，不能說是老子派的作品。」（《諸子考索》）

　　按老子以聖人處無為之事，行不言之教（二章），虛其心，實其腹，弱其骨，是聖人之治也。（三章）此與「掊擊聖人」大別。然欲尋其與老子之義同者亦附拾即是，王姚所言，亦非誣也。

九、在　宥

　　本篇與上三篇立論相似，學者多共論之。故亦非莊生之言。王夫之云：「此篇言有條理，意亦與內篇相近，而間雜老子之說，滯而不圓，猶未得象乎外之旨，亦非莊子之書也。」（《莊子解》）今以下列數因，定為秦漢間之作品。

　　（一）廣成子疑是秦漢方士所假託之神仙，先秦書未有廣成子之名，莊書亦獨見於此，東漢道士又附為老子之異名，故晉人已信廣成子為老子。葛洪曰：「老子無世不出，數易姓名。出於黃帝時，號廣成子。周文王時，號變邑子，為守藏史。武王時，號育成子，為柱下史。康王時，號郭叔子，漢初為黃石公，漢文時，號何上公。」（《神仙傳》）莊子《釋文》云：「或云即老子也。」或云必六朝之舊聞。宋羅泌《路史》曰：「黃帝……陟王屋而受丹經，登空桐而問廣成。」（《後紀》五）羅苹注曰：「仲長子云：『廣城游於九山之嶺』……九山在鞏，有廣城廟，碑號九山府君。」則廣成子為道教之神明，起於東漢，後世遂建廟奉祀。明《道藏目錄詳註》復將於黃帝時為廣成子之老子，上推至祝融伏羲人皇地皇乃至天皇。此種長生思想，實由〈在宥〉廣成子之所謂「我修身千

二百歲」而來。長生思想，《老子》、《莊子》內篇及《楚辭》等先秦書皆有之，若具體謂修身千二百歲未之見也，而全段所論，皆爲內丹存思之法門，其用詞多與道書相同。方士丹鼎派，起於秦漢之際，始皇時，侯生倡神仙之說，漢初尤崇方士，一時上下景從，蔚爲風氣，則廣成子之作，此其時也。

（二）通篇大半爲四言韻文，自「下有桀跖，上有曾史」起經廣成子，雲將二段至「天地之友」幾長篇，句句押韻，視先秦哲理散文所無，與秦石刻碑文體例相似（《荀子》賦辭鮮有押韻，亦有人疑爲漢人之作），疑是秦漢方士文體。

（三）「堯於是放讙兜於崇山，投三苗於三峗，流共工於幽都」是儒家之傳說，見於《尙書·堯典》、《孟子·萬章》、《大戴記·五帝德》，三書皆先流共工，次放驩（皆作驩）兜，後三苗，與本篇不同，獨《淮南子·脩務訓》之次序及「讙」字，與《莊子》本篇同，疑是本篇出於《大戴記》之後，而《淮南》猶取出《莊子》。是崔瞿一章亦秦漢之作也。

（四）本篇非一人之作，篇首「聞在宥天下」至「何暇治天下哉」與〈馬蹄〉文意俱同。又自「世俗之人」起終篇，與前思想鑿枘，前曰：「絕聖棄知，而天下大治。」而末章曰：「故聖人觀於天而不助，成於德而不累，出於道而不謀，會於仁而不恃……。」是對聖人之觀念不同也。故宣穎曰：「此段意膚文雜，與本篇義不甚切。」（《莊子經解》）胡文英云：「〈在宥篇〉末，『賤而不可不任者物也』一段，無甚精義微言，與〈天地篇〉首節俱有訓詁氣，想爲贗手所竄。」（《莊子獨見》）馬敍倫亦曰：「自『世俗之人』至此，疑非〈在宥篇〉文」（《莊子義證》）是也。

十、天地，天道，天運

此三篇爲受儒家陰陽家影響頗深之道家學者所作，三篇思想大致相同，文字亦有由此篇脫簡爲他篇者，如〈天運〉之「夫至樂者」以下三十五字乃〈天道篇〉脫簡（唐寫本，趙諫議本與郭本不同，見王叔岷《莊子斠證》），而各篇諸章亦非出於一人之手。顧頡剛曰：「〈天道〉〈天運〉均有老子告孔子勿語仁義之語，意同而文異，可見此二篇非一人作，此二篇作者，各各本所聞，憑己意發揮，故有此異而實同之語。」（古史辨第一冊）雖非出於一手，殆皆在漢初成篇。

（一）胡文英曰：「〈天地篇〉首節，俱有訓詁氣，想爲贗手所竄。」（《莊

子獨見》）按首章論後作「故曰」及「記曰」，其文意皆同今本《老子》，而不謂「老子曰」。嚴靈峰曰：「係莊周後學『解莊』者所作，文中輒稱『故曰』，疑其下多引莊子之言，今佚之耳。」（《莊子章句新編》）

（二）「華封人」，「伯成子高」，「漢陰丈人」諸章，前人已疑其非眞。

林雲銘云：「〈天地篇〉，陸方壺云『頭緒各別，不可串爲一章。』是有故爲，余細玩其中，如華封人、伯成子高、漢陰丈人數段，結構雖工，咀嚼無復餘味，疑爲好事者竄入。華封人一段義無著落，其詞頗近時趨，疑非莊叟眞筆。《莊子》之所以稱者，以其奇岩之氣，雋永之理，千古常新，俞熟愈妙也。伯成子高一段，如此淺率直遂，其何以爲莊子？噫，好事者爲之也，漢陰丈人一段，大類〈漁父篇〉意，其文絕無停蓄蘊藉，中間又有紕繆之語，爲後人竄入無疑。」（《莊子因》）胡文英曰：「〈天地篇〉華封人段，光景力量所至，不過如《說苑》《新論》之間，不必以義無著落爲疑。子商段述一毫無味，而德衰亂始之故，究竟爲何而來？贗筆無疑。」吳汝綸曰：「白雲帝鄉亦非雅詞，周秦人無此。」（《點勘莊子讀本》）按孔子見老聃，語弟子曰：「吾乃今於是乎見龍」，乃是司馬遷作〈老子傳〉之所本也。

（三）夫子問於老聃一段，唐蘭以爲其假甚顯，因「離堅白若縣寓」非孔子時之問題，又稱孔子爲夫子，亦爲可疑。（〈老聃的姓名和時代考〉）按〈天地篇〉有「夫子曰：夫道」語，「夫子」，司馬彪以爲莊子，又云老子，與此夫子爲孔子名同而實異，必非一人手筆。

（四）王夫之云：「〈天道〉有與莊子之旨迥不相侔者，特因老子守靜之言而演之，亦未盡合于老子。蓋秦漢間學黃老之術以干人主者之所作也。莊子之說，合上下隱顯貴賤小大而通於一，此篇以無爲爲君道，有爲爲臣道，則剖道爲二，而不休於天鈞。且既以有爲爲臣道矣，又曰『以此北面』，則自相刺謬。」（《莊子解》）胡文英曰：「〈天道篇〉首段亦有議論精鑿處，而太覺平妥，絕無騰挪撇脫之勢，又無離奇夭矯之句，贗作也。」（《莊子獨見》）林雲銘云：「〈天道篇〉以天地作線，而歸本於無爲。言及本末要詳上下臣君，理極醇正，而且近情。但細玩其文，別有一種蒼秀繚繞之致，行雲流水之機，切近時趨，全無奇氣，恐亦叔敖衣冠也，然有此自成一家，可不必深辯矣。」（《莊子因》）按王氏言頗是，胡林二氏皆就文勢而論，空泛無著。

（五）「孔子西藏書於周室」一章，自姚姬傳疑其僞，後人多從之。姚鼐曰：「秦王十二經是漢人語，孔子藏書，亦漢人語。藏書者，謂聖人知有秦火，

而預藏之。所謂藏之名山也。」（《莊子章義》）唐蘭曰：「繙十二經非孔子事，兼愛非孔子說，聃亦不應稱孔子爲夫子。」（〈老聃的姓名和時代考〉）按十二經《釋文》有三解：一爲六經加六緯，一爲《易上下》並十翼，一爲春秋十二公經。嚴靈峰以孔子時無緯書，《十翼》未成，而〈天運〉〈天下篇〉皆載六經，故改十二經爲六經（《莊子新編》）。按此篇既爲漢人之作，自然可包六緯十翼，然亦不必窮究所指，蓋寓言也。

（六）〈天運篇〉「孔子見老聃而語仁義」一章，林雲銘以爲「爲贗手參入」，姚鼐以爲「所記淺於《史記・老子列傳》語，豈《莊子》之文哉？」（《章義》）又孔子治六經，黃震《日鈔》曰：「六經之名，始於漢，莊子書稱六經未盡出莊子也。」

以上六項，乃綜合前人論述該三篇部分章句之言，今就三篇之通性分述如次：

（七）多雜有儒家政治人生觀之理論。　〈天道篇〉曰：「君先而臣從，父先而子從，兄先而弟從，長先而少從，男先而女從，夫先而婦從。」〈天運篇〉曰：「三皇五帝之禮義法度，不矜於同而矜於治。」〈天地篇〉曰：「壽、富、多男子，人之欲也。」云云皆是儒家思想。而三篇稱孔子曰夫子，亦以儒家立場稱之。所謂性、命、孝子、忠臣（〈天地篇〉），五常禮義法度（〈天運篇〉）皆是儒家名詞，疑受秦漢儒家思想所影響。

（八）三篇皆有陰陽家思想。　〈天道篇〉多《易繫》解配陰陽之觀念。如「故曰：靜而與陰同德，動而與陽同波……其動也天，其靜也地。」按《繫辭》上：「夫乾，其靜也專，其動也直；坤，其靜也翕，其動也闢。」又：「故曰莫神於天，莫富於地，莫大於王。故曰帝王之德配天地。」《繫辭》上：「是故法象莫大乎天地，變通莫大乎四時，縣象著明莫大乎日月，崇高莫大乎富貴，備物致用，立成器以爲天下，利莫大乎聖人。」又：「夫尊卑先後，天地之行也，故聖人取象焉。天尊，地卑，神明之位也。」《繫辭》上：「天尊地卑，乾坤定矣。」按《易傳》係採老子之道及其陰陽之說，以配於乾坤。而陰陽家即承此思想與儒家相合，秦漢之際，陰陽家之言，幾完全混入儒家。（見馮友蘭《中國哲學史》一篇七章，二篇二章）又〈天運篇〉曰：「夫至樂者，先應之以人事，順之以天理，行之以五德，應之以自然，然後調理四時，太和萬物。四時迭起，萬物循生，一盛一衰，文武倫經，一清一濁，陰陽調和，流光其聲。」「夫至樂者」至「太和萬物」三十五字，始蘇輒以爲是注文，及

王叔岷乃以爲當是〈天道篇〉之脫簡，錯入〈天運篇〉，非注文也。以此三十五字加以下數句，皆是陰陽之語。《史記・荀卿列傳》：「騶衍……稱引天地剖判以來，五德轉移，治各有宜，而符應若茲。」五德，五行也。其說始於戰國末造，盛於秦漢之交，行於漢武之後，《漢書・郊祀志》：「騶子之徒，論著終始五德之運，始皇采用之。」太和見於《易・乾》，曰：「保合大和乃利貞」，疏：「純陽剛暴，若無和順，則物不得利，又失其正，以能保安合會太和之道，乃能利貞於萬物。」或太和一詞亦爲陰陽家所用矣。而所舉此例與漢初思想頗相符合，《史記・陳丞相世家》：「平曰：宰相者，上佐天子，理陰陽，順四時，下育萬物之宜。」《漢書・丙吉傳》：「吉曰三公典調和陰陽。」董仲舒曰：「天地之氣，命而爲一，分爲陰陽，判爲四時，列爲五行。」（《春秋繁露・五行相生》）唯本文爲受陰陽家影響甚巨之道家學者所作，抑出於道家化之陰陽家之手，殆不可知也。

十一、刻意，繕性

此二篇亦與陰陽家有關，唯神仙思想特重耳。王夫之曰：「〈刻意篇〉之指歸，則嗇養精神爲干越之劍，蓋亦養生家之所謂煉己鑄劍，龍吞虎吸鄙陋之教，魏伯陽、張平叔、葛長庚之流，以之亂生死之常，釋氏且訶之守尸鬼，雖欲自別於導引，而其末流亦且流爲鑪火，彼家之妖妄，固莊子所深鄙而不屑爲者也。且其文詞軟美膚俗，首尾結構，一若後世科場文字之局度。」又曰：〈繕性〉與〈刻意〉「之旨略同，其言恬知交養，爲有合於莊子之指，而語多雜亂，前後不相侔。……蓋不得志於時者之所假託也。」（《莊子解》）

王氏似謂此作在魏晉之後，則與莊子成書年代不合，司馬彪向秀郭象晉人也，斷無注解之理。（見第二章）羅根澤曰：「依我看，我們若不證明不是《漢書・藝文志》之舊，則不能說它在劉向班固以後。而且神仙家之在秦漢間，確很發達，則與其說是出於魏晉，不如說是出於秦漢爲比較妥當。」（《諸子考索》）

吳汝綸曰：「某按『吹呴呼吸』三語，割取《淮南子・精神篇》文。」（《點勘莊子讀本》）羅氏以二處文句簡詳論之曰：「與其說是〈刻意〉割取〈精神訓〉，不如說是〈精神訓〉割取〈刻意〉。」是以羅氏以爲：「就文字與思想兩方面觀之，似出於秦漢間的神仙家，神仙家本來半出於道家，半出於陰陽家，以故，也有與道家不甚違背的。」（《考索》）所說可從也。

十二、秋　水

〈秋水篇〉前人多以爲贗作（見第二章），乃莊子後學衍內篇之義也。王夫之曰：「此篇因〈逍遙遊〉〈齊物論〉而衍之。」（《莊子解》）林雲銘曰：「是篇大意，自內篇〈齊物論〉脫化出來。」（《莊子因》）按本篇之諸作者，亦不必就內篇某篇而申論，然其思想終與〈逍遙遊〉〈齊物論〉有所冥合，尤以〈齊物論〉一篇，意在泯除現象界之對立與差異，則〈秋水篇〉實不離此宗，曰：「以道觀之，物无貴賤，以物觀之，自貴而相賤；以俗觀之，貴賤不在己。以差觀之，因其所大而大之，則萬物莫不大，因其所小而小之，則萬物莫不小；知天地之爲梯米也，知豪末之爲丘山也，則差數覩矣。……以趣觀之，因其所然而然之，則萬物莫不然，因其所非而非之，則萬物莫不非，知堯桀之自然而相非，則趣操覩矣。」此非〈齊物論〉之旨乎？〈齊物論〉曰：「天下莫大於秋豪之末，而大山爲小，莫壽於殤子，而彭祖爲夭」又曰：「有儒墨之是非，以是其所非，而非其所是。」若〈齊物論〉確仍爲莊叟之筆，〈秋水篇〉河伯與北海若相答辭乃嫡派弟子所作。其所以非莊生之筆者，以〈齊物論〉第二人稱作「女」作「若」，此篇作「爾」也。

孔子遊匡一章，未有信莊子自作者，胡文英曰：「筆力柔弱，似《家語》《孔叢》光景。」（《莊子獨見》）林雲銘曰：「諱窮求通等語，以擬聖人之言，恐覺不似，且筆頗平庸，非莊所作也。」（《莊子因》）至若公孫龍問魏一章亦後人之筆，蓋莊子未及見公孫龍也（見第一章）。

末三章稱莊惠曰子，亦弟子所作也。

總之，〈秋水篇〉殆在戰國末年莊子弟子或後學所作。

十三、至　樂

此篇申老子之言也，王夫之曰：「此篇之說，以死爲大樂，蓋異端褊劣之教多有然者，而莊子尚不屑此，此蓋學於老莊，掠其膚說，生狂躁之心者所假託也，文亦庸沓無生氣。」（《莊子解》）羅根澤以爲「無爲」及「無爲而無不爲」爲老子之重要主張，莊子內篇鮮言之，〈至樂篇〉則暢論之，是知爲老子派而非莊子派所作。（《諸子考索》）

按〈至樂篇〉曰：「人之生也，與憂俱生，壽者惛惛，久憂不死，何之苦也，其爲形也亦遠矣。」正是老子曰：「吾所以有大害者，爲吾有身，及吾無身，吾有何患？」（十三章）之思想。或在戰國末季，道家悲觀主義之消極派，

取老子之義，發其「死爲至樂」之論耶。

十四、達　生

王夫之曰：「此篇於諸外篇中，尤爲深至，其於內篇〈養生主〉〈大宗師〉之說，獨得其要歸。……其文詞沈邃足達微言，雖或不出於莊子之手，要得莊子之眞者所述也。」（《莊子解》）

按此篇旨趣與〈養生主〉〈大宗師〉二篇相同，〈養生主〉庖丁解牛曰「臣以神遇，而不以目視……依乎天理，批大郤，道大窾，因其固然。」本篇曰：「指與物化，而不以心稽，故其靈臺一而不桎。」皆言順乎自然。〈大宗師〉曰：「知人之所爲者，以其知之所知養其知之所不知，終其天年而不中道夭者，是知之盛也。」本篇曰：「達生之情者，不務生之所无以爲，達命之情者，不務知之所无奈何。」而本篇所謂「忘其肝膽，遺其耳目，芒然彷徨乎塵垢之外，逍遙乎无事之業。」皆襲自〈大宗師〉篇。又本篇自「仲尼適楚」以下之寓言，多類似於〈養生主〉庖丁解牛之含義境界，故歸有光曰：「〈達生篇〉與〈養生主〉篇相發。」（《南華眞經評註》）

嚴靈峰曰：「〈達生〉全篇除首段文字純爲說理外，自『子列子問關尹』章以下皆故事、寓言，且見於《列子》書，考《列子》目錄，〈楊朱第七〉注：『一曰「達生」。』疑編《莊子》者誤將《列子》「〈達生〉」一篇混入於莊子書也。」（《莊子章句新編》）予按（一）自「子列子問關尹」以下凡十二章，其中五章皆見於《列子·黃帝篇》，並不在〈楊朱篇〉內。（二）今存《列子》爲六朝僞作，自柳宗元以下，高似孫《子略》，姚際恒《古今僞書考》，章太炎《菿漢微言》，馬敍倫《列子僞書考》論之詳矣。姚氏明謂：「實《列子》用《莊子》也。《莊子》之書，洸洋自恣，獨有千古，豈蹈襲人作者，其爲文舒徐曼衍中仍寓拗折奇變，不可方物，《列子》則明媚近人，氣脈降矣。」（三）《列子敍錄》（包括《目錄》）亦後世託名劉向之作，馬敍倫曰：「劉向《敍錄》亦依託，蓋《列子》書早亡，故不甚見稱於作者。魏晉以來，聚斂管子……之言，附益晚說，成此八篇，又假爲向《敍》以見重。」若退而以爲眞，則《敍》曰：「此書……及後遺落，散在民間，未有傳者。且多寓言，與莊周相類」者，實多蹊蹺，隱然謂《列子》寓言出於莊周書也。由此三端，知嚴先生之說似不能成立。

「東野稷以御見莊公」一章，又見於《荀子·哀公篇》、《呂氏春秋·適

威篇》、《韓詩外傳》卷二,《荀子》與《外傳》作「東野畢」,莊公作「定公」
顏闔作「顏淵」,《呂覽》同於《莊子》。考其文字,以《莊子》為古拙簡略,
蓋《呂覽》本諸《莊子》,《外傳》本諸《荀子》,《荀子》似又本諸《莊子》,
則此章著於戰國末年,唯他章未悉亦然否?

十五、山　木

　　王夫之曰:「引〈人間世〉之旨,而雜引以明之。」(《莊子解》)蘇輿曰:
「此亦莊徒所記,皆同於〈人間世〉,處濁避患害之術也。」(王先謙《集解》
引)按此說是也。〈人間世〉篇曰:「山木自寇也,膏火自煎也。」本篇亦曰:
「直木先伐,甘井先竭。」〈人間世〉篇以「不材之木也,无所可用,故能若
是之壽。」本篇亦以「不材得終其天年。」

　　本篇稱莊子者,非周自作也,首章且曰:「弟子志之」,明謂弟子所志也。
「莊周遊乎雕陵」,直舉周名及弟子藺且,亦當後人所作。羅根澤曰:「莊子
之處世,雖然主虛己順人,而究竟是唯我中心論者。此種意思,深蘊在內篇,
尤其〈人間世〉。今〈山木篇〉更鮮明的說應當『浮游乎萬物之祖,物物而不
物於物』,處處都是推衍莊子之意,而較莊子益周密詳明,所以不是莊子所作,
也不是與莊子無關者所作,而是莊子弟子或其後所作。」(《諸子考索》)立論
頗為精闢,則亦戰國末年之作品。

十六、田子方

　　此篇亦在申莊子之言,文句與〈齊物論〉、〈養生主〉、〈德充符〉多雷同。
王夫之曰:「此篇以忘言為宗,其要則〈齊物論〉照之以天者是也。」(《莊子
解》)〈齊物論篇〉曰:「日夜相代乎前,而莫知其所萌。已乎,已乎,且暮得
此,其所由以生乎……一受其成形,不忘以待盡,與物相刃相靡,其行盡如
馳,而莫之能止,不亦悲乎!」本篇亦曰:「日出東方而入於西極,萬物莫不
比方,有目有趾者,待是而後成功,是出則存,是入則亡。萬物亦然,有待
也而死,有待也而生,吾一受其成形,而不化以待盡,效物而動,日夜无隙,
而不知其所終,薰然其成形,知命不能規乎其前,丘以是日徂。吾終身與汝
交一臂而失之,可不哀與!」又〈德充符篇〉曰:「死生亦大矣,而不得與之
變,雖天地覆墜,亦將不與之遺,審乎无假而不與物遷。」本篇亦曰:「死生
亦大矣,而無變乎己,況爵祿乎?若然者,其神經乎大山而无介,入乎淵泉

而不濡，處卑細而不憊，充滿天地。」又本篇田子方語魏文侯曰：「緣而葆眞，清而容物」，即〈養生主〉篇庖丁之旨，「方將躊躇，方將回顧」，亦〈養生主〉語也。

　　本篇爲十一事組成，亦非一時一人之作。林雲銘曰：「惟魯哀公、宋元公、臧丈人三段，語氣不屬，立義亦淺，非南華手筆無疑。」（《莊子因》）按三段之外，亦不能斷爲眞筆。唐蘭曰：「孔子見老聃一章，孔子稱老聃爲先生亦可疑。」（〈老聃的姓名和時代考〉）而最大之理由斯爲羅根澤所謂：「在〈齊物論〉裏說的話很含混，同時也很概括；此篇的作者恐人對這種含混而概括的說話不易得到具體的概念……又加分析」（《考索》）則含混至具體，亦後人詮釋前言之法則也。

　　許地山曰：「〈田子方〉有論儒服事，儒服問題起於戰國末及漢初。」（《道教史》）又按文王觀於臧，見一丈夫釣。臧丈人並未明指呂尙。至唐人，或因《史記·齊世家》文王遇呂尙事而以爲呂尙（成疏；寓言於太公也）今觀《史記》文意與本章多相似，疑《史記》曾取材於本章與炎漢及見之資料，會成《齊世家》之傳說，而太公事在漢初，異說甚多，故《史記》復舉二說作「或曰……或曰」，此曾國藩所謂曰：「吾觀子長所爲《史記》，寓言亦居十之六七也。」（《聖哲畫像記》）然則本篇成於晚周秦漢之間也。

十七、知北遊

　　王夫之曰：「此篇衍自然之旨……其說亦自〈大宗師〉來，與內篇相爲發明。」（《莊子解》）姚鼐曰：「與〈大宗師〉同旨」（《莊子章義》）。按〈大宗師〉曰：「夫道，有情有信，无爲无形，可傳而不可受，可得而不可見。」本篇亦曰：「道不可聞，聞而非也；道不可見，見而非也；道不可言，言而非也。知形形之不形乎，道不當名。」（按有《老子》之義）〈大宗師〉曰：「自本自根，未有天地，自古以固存……」又曰：「无古今，而後能入於不死不生。殺生者不死，生生者不生，其爲物，無不將也，無不迎也……」本篇亦曰：「不以生生死，不以死死生。死生有待邪？皆有所一體。有先天地生者物邪？」知本篇確與〈大宗師〉相發明，非特此也，自東郭子以下亦多闡莊子之言，唯其上皆爲解老之文字。大抵本篇作者有莊子後學，亦有受老子影響甚大之學者，但以近老多近莊而已。本篇以「故曰」解《老子》者，於老書有三十八章，四十八章，隱入正文不標「故曰」者有五十六，四十三，十六，一，

十四，卅九（聖人故貴一）等章。

羅根澤以本篇與〈庚桑楚〉篇皆老子派所作，其所舉之理由，略述如下：（一）《老子》書後人名曰「道德經」，道德二字頗能符老子之名，而二篇亦皆言道德二字。（二）《莊子》內篇無「賢」字，對「知」亦不甚反對，此二篇與《老子》皆反對賢知。（三）「故曰」多引《老子》書。（四）先秦只有《老子》以嬰兒為理想人物，〈庚桑庚〉亦引之。（五）先秦各家鮮論「有」「無」，獨《老子》為多此二篇亦然。（六）〈庚桑楚〉篇首，庚桑楚偏得老聃之道，是此篇為老子一派後學所作。（七）二篇有莊子派思想，乃是老子一派後學吸收莊子之說。（八）二篇聖人觀與《老子》同。（九）已受莊子影響，故為戰國末期作品。（《諸子考索》）

按羅氏所論雖是，然其失之於但求與老合，而不求其分。且學派之發展，本難一脈相傳，永不變質，不必拘於派系之別，但謂受老學影響較重可也。

第四節　雜篇之作者及時代考

十八、庚桑楚

王夫之曰：「雜云者，博引而泛記之謂，故自〈庚桑楚〉，〈寓言〉，〈天下〉而外，每段自為一義，而不相屬，非若內篇之首尾一致。」（《莊子解》）按每段自為一義，內外篇已然，唯以雜篇為甚。本篇體裁亦異於他篇，前半載庚桑楚南榮趎之論，後半為十餘小章之說理文，唐蘭曰：「〈庚桑楚〉者一章亦偽，因老子不應稱南榮趎為子，老子之語有『規規然若長父母揭竿而求諸海』與〈天運〉〈天道〉語略同，『衛生之經能抱一乎』全襲《道德經》，而稍變其詞。」（〈老聃的姓名和時代〉）

按本篇以庚桑楚與南榮趎之言談為主旨，其言頗抨擊儒家，曰：「尊賢授能，先善與利，自古堯舜以然……舉賢則民相軋，任知則民相盜……大亂之本，必生於堯舜之間。」語調憤慨，頗似〈胠篋〉。賢能政治為儒家之理想。《孟子》曰：「尊賢使能」（〈公孫丑〉上），《荀子》尤重尚賢，曰：「尚賢使能，而等位不遺」（〈王制〉），曰：「上好禮義，尚賢使能，無貪利之心，則下亦將綦辭讓，致忠信。」（〈君道〉）曰：「選賢良，舉篤敬」（〈王制〉），《禮記》亦曰：「選賢與能」（〈禮運〉），曰：「尊賢為大」（《中庸》），故疑此章於秦漢之際，為老子派學者所作。（一如羅根澤言）

此外之散章有解老者，有申莊者。如「古之人，其知有所至矣」一章，乃襲〈齊物論〉，「蜩與學鳩同於同也」乃本〈逍遙遊〉。又日本津田左右吉曰：「此篇列舉仁義禮智信，乃用漢代儒家的五端說。」（〈儒道兩家關係論〉）按本篇曰：「故曰……至禮有不人，至義不物，至知不謀，至仁无親，至信辟金。」仁義禮智信始見於《春秋繁露》，曰：「仁誼禮智信，五常之道。」（〈賢良對策〉）董生雖為儒士，受陰陽家之影響實不下於儒家，而五常之說，是否起於董生，殆不可考，蓋晚周以降，五行既盛，陰陽家好以「五」字為喻，以配五行，見於《書經·洪範》者（戰國末陰陽家作品）有鹹、苦、酸、辛、甘五味，見於《繁露·五行·五事》者有貌、言、視、聽、思五事，有角、商、徵、羽、宮五音。則此禮義知仁信者，或係秦漢儒者（多兼方士，見郭湛波《中國中古思想史》第八篇）之言，而為道家學者所引用，故作「故曰」二字，蓋亦有所本也。

十九、徐无鬼

本篇多寓言，次序頗瑣碎。林雲銘曰：「此篇前半詮理精密，練詞古雅，後半變幻斷續，不可捉摸，文境之奇盡於此。」（《莊子因》）似有過譽，蓋本篇係短文之集合，不知何以奇之。羅根澤曰：「〈徐无鬼〉與〈列禦寇〉兩篇文字，反復循讀，找不出它的中心思想，好像是滙合道家言與道家故事而成。」（《考索》）是也。

徐无鬼見魏武侯一章，所謂「偃兵」「殺人之士民，兼人之土地」，疑係戰國末季所作。莊子與惠子論射及莊子過惠子之墓二章，既曰子，自是後人所作，秉不知何人，若為公孫龍，則龍不及見周，亦為後人託作。管仲有病事，未見《左傳》，但見於《管子·戒篇》、《呂覽·貴公篇》、《列子·說符篇》及《史記·齊世家》，疑皆本諸本章，則亦為戰國末之作也。唯本章未有深義，故葉國慶曰：「以賢下人，與莊子思想不同。南伯子綦隱几而坐一章，係衍〈齊物論〉者。仲尼之楚，孫叔敖執爵而立一章，《釋文》曰：『《左傳》孫叔敖是楚莊王相，孔子未生，蓋寄言也。』」則亦後世偽託。句踐棲於會稽一章：「故曰：目有所適，鶴脛有所節，解之也悲。」乃本於〈駢拇〉。

二十、則　陽

王夫之曰：「〈則陽〉、〈外物〉、〈列禦寇〉三篇，皆雜引博喻，理則可通，

而文義不相屬，故謂之雜。」羅根澤則以爲此篇比較有系統，乃老莊混合派所作。其理由如下：

同於《老子》者：（一）採老聃之言以立論：「榮辱立然後覩所病，貨財聚然後覩所爭。……古之君人者，以得爲在民，以失爲在己……」（二）篇中有「無爲」「無爲而無不爲」「有名」「無名」之語，皆《老子》之說。

同於《莊子》者：（一）「冉相氏得其環中以隨成」一段，乃莊子主張。（二）「人皆尊其知之所知，而莫知恃其知所不知而後知，可不謂大惑乎！」乃由〈大宗師〉之「知人之所爲者，以其知之所知，養其知之所不知，終其天年，而不中道夭者，是知之盛也。」推闡而來。（《諸子考索》）

按本篇文字猶王氏之言頗不相屬，有近老之說，有近莊之說，不必爲混合派所作，蓋非一人之作也。若少知問於大公調以下，長篇用韻，字句精短頗似《道德經》，而與上文殊不類也。

二十一、外 物

本篇諸章文義亦不相屬。林雲銘曰：「此篇指出修眞實際，開後世坎離鉛求之說，精鑿奇創，讀之惟恐其盡，但貸粟、釣魚、發冢三段，文詞既淺，意義亦乖，疑爲擬莊者攛掇其內，特表而出之。」（《莊子因》）實各章未有出於莊生之筆者。

「外物不可必」一章，葉國慶曰：「下連舉龍逢死，比干戮事，有憤世之慨，與內篇遊物外之神旨不類。」（《莊子研究》）按此章自「木與木相摩則然」以下，全是陰陽五行之言，疑是方士文筆。莊周貸粟一章，曰「莊周」者，非莊周自作也。任公子一章有「飾小說以干縣令」一語，羅根澤以爲「小說之名，不見先秦載籍。縣令是秦官，而漢代承用之，秦國尊重法術，所以是西漢作品。」儒以詩禮發冢一章，疑是秦焚書坑儒之後之作品。羅根澤曰：「似是漢武帝尊重儒術，推崇五經以後的事情。」所說未然也，漢武既尊儒術，而本文亦未稱盜，何必於深夜發冢。詩禮爲儒書，必爲儒者重，何必於漢武之時，疑是於嬴秦之時也。老萊子語仲尼曰：「丘！去汝躬矜與汝容知，斯爲君子矣。」一語，乃《史記·老子傳》之「去子驕氣與多欲態色與淫志」之所本。宋元君一章，疑是錯簡，爲〈田子方〉篇以前者所移來。蓋宋元君莊書凡三見，一在〈田子方〉，一在〈徐无鬼〉。二篇皆未注，獨本章《釋文》曰：「李云：元公也。案元公名佐，平公之子。」注書之例，同詞以先見者注

之，故疑爲錯簡。惠子謂莊子一章，申無用之用也，疑爲莊子後學所作。

二十二、寓　言

本篇諸章不甚條貫，唯篇首謂「寓言，重言，巵言。」與〈天下篇〉皆頗合於莊書之體例，故王夫之曰：「此篇與〈天下篇〉乃全書之序例，古人文字序例，即列篇中，漢人猶然……〈列禦寇〉夾於二篇之中，亦古人錯綜。」（《莊子解》）〈列禦寇〉夾於〈寓言〉〈天下〉二篇之中，說本於蘇軾，東坡〈莊子祠堂記〉曰：「……〈寓言〉之終曰：『陽子居西遊於秦……』去其〈讓王〉〈說劍〉〈漁父〉〈盜跖〉四篇以合於〈列禦寇〉之篇曰『列禦寇之齊……』是固一章也，莊子之言未終，而昧者勦之以入其言。」（《東坡集》）

故林雲銘亦曰：「此篇是全書收束，推著書之本意，與〈列禦寇〉總爲一篇，後人因攛入〈讓王〉等四篇於中，故分爲兩耳。」（《莊子因》）

按〈寓言篇〉自「莊子謂惠子」以下與以上於義無涉，以上乃是莊子後學申論〈天下篇〉莊子學術中之「以巵言爲曼衍，以重言爲眞，以寓言爲廣」之語，出於一人之手也。以下乃發明莊子思想，唯數事雜列，非一人之作也。要全篇皆莊子後學所作。巵言所引申之「惡乎然」一段，本於〈齊物論〉，眾罔兩問於景，亦在闡發〈齊物論〉也。

二十三、讓　王

〈讓王〉、〈盜跖〉、〈說劍〉、〈漁父〉四篇，自蘇子瞻以下，學者皆斥爲僞。蘇氏曰：「余嘗疑〈盜跖〉〈漁父〉則若眞詆孔子者，至於〈讓王〉〈說劍〉皆淺陋不入於道。」（〈莊子祠堂記〉）

林希逸曰：「自〈讓王〉以下四篇，其文不類莊子所作，〈讓王篇〉中猶有一二段，〈漁父篇〉亦有好處，〈盜跖篇〉比之〈說劍〉又疏直矣，據〈盜跖篇〉「今謂宰相曰」，戰國之時，未有稱宰相者，此爲後人私撰明甚。」（《莊子口義》）

宋濂云：「〈盜跖〉〈漁父〉〈讓王〉〈說劍〉諸篇不類前後文，疑後人所勦入。」（《諸子辨》）

鄭瑗云：「古史謂《莊子》〈讓王〉〈盜跖〉〈說劍〉諸篇皆後人攛入者，今考其文字體製信然，如〈盜跖〉之文，非惟不類先秦文，亦不類西漢人文字，然自太史公以前即有之，則有不可曉者。」（《井觀瑣言・莊子說》）

沈一貫云：「蘇子瞻謂〈讓王〉以下四篇非莊子作，今觀此四篇文氣卑弱，視他作固已天淵，而旨趣又淺陋不倫，與莊子學問全無交涉，稍有識者，皆以爲贋，無疑矣。余嘗見唐人馬總輯諸子語爲《意林》，採《莊子》無四篇中語，有《王孫子》皆此四篇中語，乃知此四篇是《王孫子》非《莊子》，而信子瞻語有證。」（《莊子通》）

王夫之曰：「〈讓王〉以下四篇，自蘇子瞻以來，人辨其爲贋作，觀其文詞，粗鄙狼戾，眞所謂息以喉而出言若哇者，〈讓王〉稱卞隨務光惡湯而自殺，徇名輕生，乃莊子之所大哀者。蓋於陵仲子之流，忿戾之鄙夫所作，後人因莊子有卻聘之事，而附入之。」（《莊子解》）

林雲銘曰：「自北人無擇至伯夷叔齊四段，文言辭讓而至死，是以殉名慕高爲尙矣。考〈寓言篇〉言申徒狄因以踣河，蓋病其枯槁赴淵之行也。〈駢拇篇〉言伯夷死名，殘生傷性，與東陵無異，則漆園之意可知矣。今忽舉投淵餓死之輩，列於重生得道之後，不但非全書之旨，竟與本篇自相牴牾，一曲之士，妄竄奇說，焉有不爲識者所破。」（《莊子因》）

按前人說雖是矣，而未有深究。外雜篇文體異於內篇，而此四篇尤異於外雜篇，蓋資料來源不同而已。四篇皆有託意，尙不似〈列禦寇〉之散漫無歸也。蓋與外雜篇皆是後人所著所輯，而後入於漢人所編之莊書中。東坡，名士也。始疑之，於是眾人遂鳴鼓共擊之，毋乃太過乎？而四篇之組合與思想亦非一致，若合而論之，失之於籠統，故分別說之：

〈讓王〉細分十九章，乃漢初道家隱逸派（隱逸派爲羅根澤說）學者，借儒家禪讓思想，而取前人書中之資料，以發其「讓王位，甘貧窮」之理想。

堯舜，古傳聞之賢王也，傳聞而不知其詳，故諸子得假其名以改制。《韓非子·顯學》曰：「孔子墨子俱道堯舜而取舍不同，皆自謂眞堯舜。」蓋孔子祖述堯舜（《中庸》），孟子以堯舜之仁，不偏愛人（《盡心》。）荀子亦託舜曰人情不美（《性惡》。）而墨子則以堯舜爲尙賢，兼愛（《尙賢》）。皆託古改制也，亦猶《莊子》之所謂重言也。（康有爲《孔子改制考·堯舜文王考》，言之詳矣）此在先秦之韓非已及知之，唯韓子亦以堯舜尙法令，（〈飾邪〉，〈守道〉）亦不免囿於此說。

道家亦託於堯舜，《莊子》引堯有二十三處，舜（一作有虞）十九處，不爲不少，其性質亦不盡相同，而本篇取其讓王者，乃借儒家之意，儒家託堯舜之效果遠大於諸家，而禪讓事即爲儒家所造。呂思勉曰：「世所傳堯舜禪讓

之說，出於儒家。儒家此義，蓋孔門書說，而孟子史公同祖之。」（《先秦史》七章）

　　是以知〈讓王篇〉之編者，取禪讓之事以明輕天下重一身之意，而其所蒐集之資料，皆前人著述之陳言，其中大半襲自《呂氏春秋》：第一章〈貴生〉。二、三章舜讓天下於子州支伯及善卷不可考，唯本篇舜讓天下另有二章俱見於〈離俗篇〉，而子州支伯善卷亦見於《呂覽》（〈下賢篇〉卷作綣），疑古本《呂氏春秋》亦有此二‧三兩章。四章〈離俗〉。五章〈審爲〉（又見於《淮南道應》）。六章〈貴生〉。七章〈審爲〉。八章〈貴生〉。九章「故曰」〈貴生〉。十章〈觀世〉（又見《列子‧說符》）。十一章楚昭王失國不可考，唯又見於《韓詩外傳》卷八。十二‧十三章原憲居魯，及曾子居衛，亦見於《外傳》卷一及劉向《新序‧節士篇》。本章文字與《外傳》小異，難考前後，或同出一源所衍。（曾子居衛事，《外傳》合原憲爲一事）十四章不可考，其所出或爲《呂覽》之佚文。十五章〈審爲〉（又見於《淮南‧道應》）。十六章〈愼人〉。十七‧十八章〈離俗〉。十九章〈誠廉〉。

　　十九章中抄襲《呂覽》者凡十三章，文句鮮有不同。而其所以抄襲《呂覽》，非《呂覽》抄襲《莊子》者有三事：（一）《呂覽》用字較古。第一章堯以天下讓許由，除〈讓王〉「未暇治天下也」《呂覽‧貴生》「治」作「在」及《呂覽》奪「可以託天下也」中之「也」字外，文字俱同。〈貴生篇〉高誘注：「未暇在於治天下」則東漢《呂覽》文必作「在」字，莊書或因高注有「治」字而誤？畢沅：「案《爾雅》云：在，察也。」而復見《莊子‧在宥篇》曰：「聞在宥天下，不聞治天下也。」郭慶藩引《文選》謝靈運〈九日從宋公戲馬臺集送孔令詩〉注引司馬彪《莊子注》：「在，察也。」則知「在」字於義爲古，〈在宥篇〉自郭象注「自在」以來，未有得正詁者（嚴靈峰改「在」爲「任」，改「察」爲「容」，非是）。「在」之有「察」意，後世鮮用，故以「治」代「在」字。（二）四章舜以天下讓其友石戶之農及十七章讓其友北人无擇二章，《呂覽‧離俗篇》本是前後相接，〈讓王篇〉已散離不接，知〈讓王〉抄自〈離俗〉。（三）十五章，中山公子牟，抄自〈審爲篇〉。其後加：「魏牟，萬乘之公子也，其隱巖穴也，難爲於布衣之士，雖未至乎道，可謂有其意矣。」羅根澤曰：「顯見是探彼事以證成自己之說，所增加的議論，重在『隱巖穴』，可以使我們益信此篇爲隱逸派的作品。」（《諸子考索》）

　　至若明人沈一貫謂出於《王孫子》者，乃沈氏所見《意林》版本之誤。

乾隆武英殿聚珍版《意林》，王朝梧校曰：「《王孫子》，書闕。諸本誤以《莊子》雜篇繫其下，今正之」是也。

二十四、盜　跖

韓愈曰：「譏侮列聖，戲劇夫子，蓋效顰莊老而失之者。」（《十子全書・莊子》引）

王安石曰：「《莊子》重言十七，以爲耆艾人而無人道者，不以先人，若盜跖可謂無人道者乎？而以之爲重言，其不然明矣。故此篇之贗，不攻自破。」（同上）

王夫之曰：「〈漁父〉〈盜跖〉則妬婦詈市，瘈犬狂吠之惡聲，列之篇中，如蜣蜋之與蘇合，不辨而自明……乃小夫下士偏喜其鄙猥而嗜之，腐鼠之嚇，不亦宜乎？」（《莊子解》）

林雲銘曰：「〈寓言篇〉謂人而無人道，是謂之陳人。盜跖可謂有人道乎？假盜賊之口，歷詆古今聖人，是欲率天下而爲盜賊也。子張滿苟得，雅重名利，各持其說，惟無約數語，頗類〈駢拇〉〈秋水〉二篇語意，其不至背道而馳者，賴有此耳。知和闢無足之非，微爲近理，然重義輕利之旨，常人皆能道之，漆園重道而輕仁義，斷不取。」（《莊子因》）

馬其昶曰：「太史公稱其作〈漁父〉、〈盜跖〉、〈胠篋〉，以詆訾孔子之徒，以明老子之術。今〈盜跖篇〉未覩所謂老子之術，非史公所見之舊。」（《莊子故》）

按本篇非莊周自著，無庸置議。唯馬其昶謂非史公所見之舊，則已在《史記》之後，未諦。詆孔明老蓋泛論而已，不必各篇皆詆孔而明老。〈胠篋〉詆孔兼明老也。〈盜跖〉詆孔也。而〈盜跖〉與〈胠篋〉咸態度激烈，立場相似之文字，故馬遷得列一處而舉之也。又林希逸謂戰國未有稱「宰相」者，亦未明審，實見於《韓非子・顯學篇》《呂氏春秋・制樂篇》。

〈盜跖〉與〈胠篋〉篇皆出戰國末能文之高手。文氣雄渾勁健，憤切激昂，王船山謂其文鄙猥，乃是恨屋及烏之言，不足爲取。王安石曰：「語鋒略與《史記・日者傳》相似，其文肆而逸。」陸秀夫曰：「雄氣逸如洪源，疾注不可壅遏。」（俱見《十子全書》本引）是宋人評騭自有定論矣。

本篇與〈胠篋〉篇在先秦文獻中之價值應予重估。自尼山倡仁義於天下，孟軻荀況之徒，莫不栖栖於禮義道德之途。冀以反諸文武周公之道。若輩陳

義不爲不高，用心不爲不善，然非特不足以匡時弊，以助人心，且社會益亂，干戈四起，三百年而至晚周，儒者行仁義之實，以救貧病者未之有也，而假仁義之名，以圖富貴者，天下滔滔皆是也。故天道滅而強梁張。當此絕望之時也，道家激烈派之學者遂奮臂而高呼，仿《莊子》之寓言，託盜跖之口，聲討儒家之虛僞，懷疑傳統之制度。周豈明曰：「一到了頹廢時代，皇帝祖師等等要人沒有多大力量了，處士橫議，百家爭鳴，正統家大歎其人心不古，可是我們覺得有許多新思想好文章都在這個時代發生。」（《中國文學發展史》引）〈盜跖篇〉正是戰國末頹廢時代之新思想好文章，雖昌黎船山正統派學者大事鞭笞，仍不足傷其應得之評價。茲舉二事以見其價值：（一）國以民爲本，民之希求者，但以安定之生活而已，然長期以來，受征徭苛稅以及戰爭瘟疫之迫脅，死者盈壑，生爲餓莩。若不得而爲小盜，即爲所拘，而貴族以強陵弱，魚肉百姓，視小盜又將甚之遠矣，則貴族非大盜而何？尤富者「无所不利，窮美究埶，至人之所不得逮，賢人之所不能及，俠人之勇力而以爲威強，秉人之知謀以爲明察……」此深爲人民所嫉恨者，蓋无恥者富矣。至若道家觀之，又以爲名利皆是虛幻，小人殉財，君子殉名，皆不爲也。而年歲儵忽，不可離名輕死，宜養壽全眞。是在絕望而任人宰割之時代中雖言論激烈，亦不得不採取退郤消極之方法，以求心靈之寧靜及生命之延長。故本篇充然反映社會人民與道家思想之矛盾與苦悶。呂思勉曰：「頗可考見古代社會生計情形。」（《經子解題》）是也。（二）先秦學術終以儒家爲大國，社會歷史觀多以儒家之標準爲標準，即李卓吾所謂以孔子之是非爲是非。而〈盜跖〉篇即爲反正統之歷史觀，富有疑懷精神。分二項說之：

（1）本文曰：「堯殺長子，舜流母弟，疏戚有倫乎？湯放桀，武王伐紂，貴賤有義乎？王季爲適，周公殺兄，長幼有序乎？儒者兼愛，五紀六位，將有別乎？」又曰：「堯舜爲帝而雍，非仁天下也，不以美害生也！善卷、許由，得帝而不受，非虛讓也，不以事害己，此皆就其利，辭其害，而天下稱賢焉。」此皆非傳統之歷史觀也。

（2）公然承認權利之爭奪，視乎力量多寡而定。湯放其主，，武王殺紂，乃是以強陵弱，以眾暴寡，引爲後世所效尤。故書曰：「孰惡孰美，成則爲首，不成者爲尾。」以上思想與《韓非》〈說疑篇〉〈忠孝篇〉相若，爲中國學術疑古派之濫觴。（《史通·疑古篇》多據《晉書·束皙傳》所載之《汲冢書》，呂思勉《先秦史》考之：《晉書》所引者乃後人僞造之《汲冢書》。）

二十五、說　劍

韓愈曰：「此篇類戰國策士之雄譚，意趣薄而理道疏，識者謂非莊生所作。」（《十子全書》本引）

孫夏峰曰：「戰國策士遊談，與〈代說〉及〈幸臣篇〉相似。」（宣穎《南華經解》引）

王夫之曰：「〈說劍〉，則戰國遊士逞舌辯以撩虎求榮之唾餘。」（《莊子解》）

馬驌曰：「語近《國策》，非莊生本書」（《莊子之學》）

劉汝霖曰：「〈說劍〉有趙惠文王之諡，更在莊子後。」（《周秦諸子考》）

吳康曰：「篇中所云天子之劍，庶人之劍之分，蓋若孫卿子〈議兵〉有仁人之兵（王者之兵），和齊之兵（霸者之兵），盜兵（功利之兵，亦可云庶人之兵）之別。然孫卿規模恢廓，辭旨閎遠，以視莊〈說劍〉之文，若鳳凰翔於九霄，而下瞰斥鴳之上下蓬蒿之間也。」（《莊子衍義》）

按本篇通篇一義，與莊書體例乖異。錢穆以莊辛所作，莊子者莊辛也。錢氏以《史記‧趙世家》趙惠文王立年僅十一，莊周已六七十，惠文二十二年置太子，莊子年最少亦踰八十，而謂其遠道而來，為太子治劍服三日，以見趙王論劍，而冒不測之險，必不然矣。又以《楚策》謂「莊辛說楚襄王，不聽，去而之趙，留五月」，時正惠文置太子之時，故疑〈說劍篇〉初本為莊辛，而後誤為莊周。又辛係文學之士，則文出莊辛，非莊周云云。（《先秦諸子繫年考辨》一四五）

按本篇為策士之文，託名於莊周與趙文王，不必真有其事也。實惠文之立（公元前二九八年），莊叟恐已歸道山矣。惠文太子為公子丹，非太子悝也，若初本莊周作莊辛，則與莊子無干，輯莊書者必不擇取。（見一章二節）

本篇素知非莊子自作，然以莊子說劍於趙王，其文其意均似《國策》，故以為戰國末作品，然竊以為漢初之作也，一、地理，五行，刑德，陰陽，四季合論，漢初有之，見《漢書‧五行志》。二、本篇地名漢初始有燕谿，《釋文》曰在燕國，今無可考。石城頗多同名，可能近燕地，《漢書》古北平郡縣十六有石城。渤海見《戰國策》、《齊策》、《趙策》、《列子‧湯問》、《史記‧封禪書》、《漢書‧地理志》有勃海郡等。皆漢人著作。常山最早亦見於《戰國策》。〈趙策〉、〈燕策〉、《漢書‧地理志‧常山郡》注曰：「張晏曰：恆山在西，避文帝諱，故改曰常山。」本篇常山亦可能本作恆山，而後改為常山，然先秦文獻未復見有常山。而石城、渤海二名皆漢初始見，故此篇疑為漢初

策士託莊子而作。

　　本篇郭象無注，疑郭本初無此篇，後人取司馬彪本補之。（見第二章第五節）

二十六、漁　父

　　韓愈曰：「論亦醇正，但筆力差弱於莊子，然非熟讀《莊子》者，不能辨。」
（《十子全書》本引）

　　朱熹曰：「蘇子由〈古史〉中論此數篇決非莊子書，乃後人截斷本文攙入，
此考據甚精密。」（《朱子全集》）

　　林雲銘曰：「筆法庸弱，與上三篇如出一手，然非深於《莊子》者，亦不
能辨，惜哉太史公亦為所欺也。」（《莊子因》）

　　羅根澤曰：「〈漁父篇〉與〈讓王篇〉同在表現着隱逸味道，疑其時代略
相等。而且漁父的故事，大都產於秦末漢初，伍子胥逃吳時，遇到漁父，載
在《呂氏春秋》及《越絕書》，而二書固是秦漢之作。項羽敗於垓下時也遇到
漁父，時代正是在楚漢之爭。這雖不能算一個證據，但也可算是一個暗示了。」
（《諸子考索》）

　　按羅氏所言甚是，本篇所謂庶人、大夫、諸侯、天子之憂，與〈說劍〉之
例略同，疑一同時代之作品，唯本篇重貴真去偽，亦漢初隱逸派道家所作。

二十七、列禦寇

　　楊慎曰：「吾讀《莊子·列禦寇》至巧者勞而知者憂數韻調絕倫，實諸子
所不及者，誰謂外篇之非真邪？」（《升庵全集·讀莊子》）

　　王夫之曰：「此篇之旨，大率以內解為主，以葆光不外炫為實，以去明而
養神為要，蓋《莊子》之緒言也。」（《莊子解》）

　　林雲銘曰：「篇末載莊子將死一段，以明漆園之絕筆於此，猶《春秋》之
獲麟，此外不容添設一字，則〈天下〉一篇，不辯而知為訂《莊》者之所作
矣。」（《莊子因》）

　　清初以前多以〈列禦寇〉為莊生之自作之結語，蓋皆本諸蘇軾謂與寓
言合章之說（見二十二〈寓言〉）也。按本篇分十章（依胡遠濬《莊子詮詁》），
蒐自不同來源之資料，故思想頗不一致，自清初以後之學者，論述皆有出入。
清周金然以本篇引申〈列禦寇〉（《南華經傳釋》），胡遠濬以為與〈養生主〉
相發（《莊子詮詁》），葉國慶曰：「〈列禦寇〉篇：『君子遠使之而觀其忠，近

使之而觀其敬……』語意煩而刻，非莊子語，亦非儒家語。」（《莊子研究》）羅根澤疑爲道家雜俎（《諸子考索》）。

今考首章「〈列禦寇〉之齊」又見於《列子・黃帝篇》，雖或《列子》襲《莊子》而非《莊子》襲《列子》，而《莊子》可能尚有源本。章末「巧者勞而知者憂……虛而遨遊者也。」五句，義不相貫爲《列子》所無，疑《列子》鈔《莊子》時，尚無此五句，乃後人所補綴也。

「鄭人緩也呻吟裘氏之地。祇三年而緩爲儒……使其弟墨。儒墨相與辯，其父助翟。十年而緩自殺。」按儒在孟莊之時，並非顯學。與墨者爭之疾者，乃在孟莊之後也。又錢穆曰：「顧儒何以名緩，墨何以名翟？此雖寓言，當有命意。余謂此皆本當時之服飾言也。《莊子・田子方篇》記儒服云：『儒者冠圜冠者知天時，履句屨者知地形，緩佩玦者事至而斷。』緩者，儒服大帶。論語：『子張書諸紳』，紳即緩矣。翟者，〈說文〉：『山雉尾長者』，古之野人，以翟羽爲冠飾。」（《先秦諸子繫年考辨》三二附）若緩爲儒服，則與〈田子方篇〉皆戰國末季之作品。

「聖人安其所安」及「曹商使秦」、「人有見宋王者」、「或聘於莊子」、「莊子將死」諸章皆謂莊子，則非周自著明矣。

二十八、天　下

〈天下篇〉爲中國最早之學術評論。評騭百家，陳其得失，價值之高，不言而喻。自古以來未有疑非莊生自作者，逮乎宋代，朱子始立異說曰：「〈天下篇〉雖取篇首二字爲名，實則該括萬物之義。余直以《南華經》之後序，出於學莊之學者，非莊子作也。」於是學者遂分二說，莫衷一是。蓋資料未備，各曲所是，至今猶未成定論也。

茲將二派學者分列如次：

（一）以爲莊周自作者：郭象《莊子注》（晉），王安石《莊子論》、王雱《莊子雜說》、蘇洵（《莊子十子全書》本引）、蘇軾《莊子祠堂記》、林希逸《莊子口義》、林疑獨《莊子注》、褚伯秀《南華眞經義海纂微》、劉辰翁《莊子點校》、羅勉道《南華眞經循本》（以上宋）。陸長庚《南華眞經副墨》、焦竑《莊子翼》、歸有光《南華經評注》、陳深《莊子品節》、方以智《藥地炮莊》（以上明）。王夫之《莊子解》、馬驌《莊子之學》、宣穎《南華經解》、周金然《南華經傳釋》、胡文英《莊子獨見》、姚鼐《莊子章義》、陸樹芝《莊子雪》、

王閏運《運子內篇注》，廖平《莊子天下篇新解》（以上清）。胡遠濬《莊子詮詁》、梁啓超《莊子天下篇釋義》、呂思勉《經子解題》、錢基博《莊子天下篇疏記》、方光《莊子天下篇釋》、劉咸炘《莊子釋滯》，蔣錫昌《莊子哲學天下校釋》、羅根澤《諸子考索》《莊子外雜篇探源》、馬敘倫《莊子天下篇述義》、徐復觀《中國人性論史》等，其中特殊或代表性之見解有：

蘇洵曰：「序古今之學問，猶《孟子》末篇意，自列其書於數家中，而序鄒魯於總序前，便見學問本來甚正。」

陸長庚曰：「上言關老，此下遂以自己承之。」又：「莊叟自敘道術，乃在著書上見得，句句是實，都非他人過於夸誕者。」

歸有光曰：「先敘道術根原，後別諸子，而莊生自爲一家，未辯惠子。」

王夫之曰：「系此於篇終者，與《孟子》七篇末舉狂獧鄉愿之異，而歷述先聖以來，至於己之淵源，及史遷序列九家之說略同。古人撰述之體然也。……或疑此篇非莊子之自作，然其浩博貫綜而微言深至，固非莊子莫能爲也。」

胡文英曰：「〈天下篇〉筆力雄奮奇幻，環曲萬端，有外雜篇之所不能及者，莊叟而外，安得復有此驚天破石之才。」

梁啓超曰：「古人著書敘錄皆在全書之末，如《淮南子要略》、〈太史公自序〉、〈漢書敘傳〉，其顯例也。」

錢基博曰：「莊周自明於『古之道術』亦有在，以別出於老子，然其要本歸於老子之言。」

羅根澤曰：「（一）先秦各家只有莊子注意到哲學產生的原因，〈天下篇〉論各家道術的產生都是說：『古之道術有在於是者，某某聞其風而悅之』，然後如何如可以造成其一家之學，正同於〈齊物論〉所謂『道隱於小成，言隱於榮華』。（二）莊子哲學歸結於『一』，〈天下篇〉也說『皆原於一』『道德不一』，正是莊子的根本意思。（三）批評某一種學說，是要客位的人才說得公允，介紹某一種學說，是要主位的人才說的真切。荀子司馬遷之論述莊子都不很深刻，惟有〈天下篇〉之論述莊子，都獨得要領。（四）假使是戰國末年人造出來的，對孟子荀子不應當不論述，而陰陽家的鄒衍之屬，法家的商韓之屬，也不應當一字不提。所以它的年代不應很晚，而恰當莊子的時代。（五）懷疑此篇不是莊子作者，不出兩種理由：一、謂惠施公孫龍不能相及。梁任公加以考辨，據說是可以相及。實篇中並沒有說惠龍互辨。所以莊子只要能見到公孫龍，便可以說這段話，和公孫龍能不能見到惠施沒有關係。二、因

篇中論及莊子，由是疑心是莊子以後人所作，自己論自己，也是常有的事，如《淮南子》的《要略》。」

（二）以爲非莊周自作者：朱熹《朱子文集・論莊子》、林雲銘《莊子因》、陳壽昌《南華眞經正義》，胡適《中國哲學史》、顧頡剛〈莊子外離篇著錄考〉、錢玄同〈論莊子眞僞書〉（顧錢文皆見《古史辨》第一冊），渡邊秀方《中國哲學史綱要》、顧實《莊子天下篇講疏》、蔣復璁《莊子考辨》、沈德鴻《莊子選注緒言》、郎擎霄《莊子學案》、葉國慶《莊子研究》、譚戒甫《現存莊子天下篇的研究》、王昌祉《諸子的我見》、嚴靈峰《老莊研究》《論莊子天下篇非莊周所自作》，其中代表性之見解有：

林雲銘曰：「敘莊周一段，不與關老同一道術，則莊子另是一種學問可知，段中備極贊揚，眞所謂上無古人，下無來者，莊叟斷無毀人自譽至此，是訂莊者所作無疑。」

陳壽昌曰：「此爲《南華》全部後敘，上下古今，光芒萬丈，以文妙論，自是得漆園之火傳者。」

顧頡剛曰：「〈天下篇〉以莊子爲百家之一而評論之，可見非莊自作。」

蔣復璁曰：「此篇亦非專爲《莊子》而作，蓋此篇本是他人綜論百家流別之文，初與是書無與，不過於諸家道術之中，最尊莊子。世見其推尊莊子。遂取入莊子書中，以爲徵驗。又以其是總論道術，而諸篇是言行雜事，無可附麗，故舉而編之篇末，如是而已。」

葉國慶曰：「一、莊子齊小大，一是非，必無聖人君子等等分別之語。二、『其在於詩書禮樂者』云云，明言儒家于道所得獨厚，『其散於天下』云云，明言諸家只得道之一端。此是儒者的口氣。三、『不侈於後世』以上爲一篇總綱，以下分敘百家。莊子爲百家之一而已。作者悲『百家往而不反』，故此篇必非莊子所作。四、莊子內篇多寓言重言，此篇全是莊語。」

王昌祉曰：「一、作者是儒家而非道家。把儒家放在特殊地位，放在百家之上，只有儒家，能明古人內聖外王之道，得古人之全。這樣推崇儒家，豈能出於道家的筆下呢？二、〈天下篇〉的主要思想和表現方式是從荀子而來。把荀子〈天論篇〉『萬物爲道一偏……』及解蔽篇『墨子蔽於用……』兩處文字和〈天下篇〉比較：彼此的主要思想，表現方式，提出討論的人物，甚至若干重要術語與詞句，是相仿相同。這不是《荀子》勁襲〈天下篇〉，是〈天下篇〉推演《荀子》的思想。所以作者是《荀子》的弟子，至少荀子的影響。」

　　嚴靈峰曰：「認爲〈天下篇〉乃莊周自作之理由，可歸納三點：一、古人著書，敘錄皆在全書之本，莊子也不妨評論自己。二、筆力雄奮奇幻，莊周而外，安得復有此才。三治博貫綜，微言深至。如果不是莊子寫的，難有精通時代學術的大手筆。」嚴氏駁曰：「一、《淮南要略》，《大史公自序》，《漢書敘傳》三書均係根據原書的內容而加以順序的述說。〈天下篇〉則不然，關於學派的評論的人物中，如相里勤、苦獲、己齒、鄧陵子、尹文、彭蒙、田駢、愼到、關尹諸人，在本書則未見有所論述，而在書中所見到的，如陽子居、列禦寇……諸人在當時學術上多少有相當的影響，而〈天下篇〉則一字不提……豈可用兩漢的體例範圍先秦的著作。二、先秦著作如《老》、《列》、《孫》、《墨》、《荀》、《韓非》、《楚辭》，都是各具特殊風格的好文章。沒有人可確定逸民隱士中沒有被湮沒的好文章爲《漢志》所不載的嗎？三、莊周並不是唯一精通先秦的學術，《荀子‧非十二子篇》，〈解蔽篇〉，〈天論篇〉，《韓非子‧顯學篇》都曾批諸子。」嚴氏之結論爲：「一、全篇內容與外篇〈天道篇〉的筆調相近，與內篇思想不能盡合，斷定非莊周自作。二、既評論莊周，則是其後之作品無疑。批評各家學說觀點內容與《荀子》相近，辭語亦相彷彿，可能係荀卿晚年的作品，既『推儒墨道德行爲與壞序列』的文字，但疑非原來面目。三、倘非荀卿自作，必係門人或後學得自荀卿的傳授而寫作的。」

　　按以爲莊周自作之理由，除嚴氏所歸納之三點外，尚有羅根澤所提之問題，多未解決。王嚴二氏所研究之結論相似，皆與《荀子》有關，嚴氏評述前說，尤爲中肯。然既爲儒家所作，爲何獨宗道家？以關尹老聃爲博大眞人，而莊周更在關老之上，則〈天下篇〉與莊學無不攸關，羅氏所列（一）（二）點雖不能爲莊周自作之證據，然與莊周實有線索可通。唯羅氏亦有未察，（三）〈天下篇〉評莊周深刻，弟子及後學者可爲之。（四）若莊子弟子或後所作，未必在荀、鄒、商、韓之後，即使在四人之後，亦可不必述及，外雜篇多秦漢之作，亦未提起四人，至若孟子，內篇可信之資料亦未提及。（五）公孫龍與莊子不相及，與惠施更不相及，梁任公考證未確（見第一章第二節）。蓋自「惠施多方」以下，與上文不相銜接，馬敘倫曰：「王應麟依《北齊書‧杜弼傳》，嘗注《莊子‧惠施篇》，謂今無此篇，亦逸篇也。疑此篇『惠施多方』之下，乃〈惠施篇〉文。觀《音義》引崔本此篇，終於未之盡者可知。」（《莊子義證》）葉國慶曰：「上段述諸家學術的淵源，上頭均有『古之學術有在於是者』，此段獨無，其體裁明與上段有異。顯然非〈天下篇〉原文。」（《莊子

研究》）則知此段非〈惠施篇〉之遺文，即他篇之錯簡。非莊生之文也。（又見第二章第八節）

　　至若上段正文，綜合諸說，可能仍為宗莊之道家學者所作，此學者或受荀卿批評哲學（馮友蘭以荀子在中國哲學家最善於批評哲學）之影響（汪中〈荀子年表〉荀子生於前 298 年，正當莊子卒時），著文以批評所欲批評之諸子，而後經荀派學者潤飾（當時學派之範疇亦不明），而後以其推尊莊子，漢初編輯莊子書時，遂入莊書，又以其總論道術，故附麗於篇末也。

第四章　莊子之思想

第一節　莊子思想之時代體認

　　周道既衰，孔老墨興於春秋，下逮戰國，百家滋生，承學不一。《莊子‧天下篇》曰：「相里勤之弟子五侯之徒，南方之墨者苦獲、已齒、鄧陵子之屬，俱誦《墨經》，而倍譎不同，相謂別墨。」《韓非子‧顯學篇》曰：「故孔墨之後，儒分為八，墨離為三，取舍不同，而皆自謂眞孔墨。」故韓非出於荀卿，尹文（《漢志》名家）得為別墨。蓋學說繁衍之後，難有明確之範疇矣。自漆園以下，莊派思想旁鶩，道家學者，上繼莊生，而博采儒家陰陽，欲求其術純者，不可得矣。莊書便是百六七十年間（莊周至劉安）此種思想之反響。蓋晚周百家爭鳴，皆不足以救俗世，孔孟起仁義於天下，天下不仁不義者皆是也；墨徒言功利於黎民，黎民得其功其利者未之有也。入世之道不行，出世之思遂萌，故楊朱保眞，列子貴虛，靡不於頹廢之亂世，求其消極之滿足。然敷辭彌多，社會彌亂，出世之思亦彌盛，有以摒絕社會之責任，漠視現象之存在，以侈談超現象之懷疑思想者，此莊生一派人之述作也。

　　夫學術思想之發展，繫乎政治之組織與經濟之形態，而為民生之反映，社會之龜鑑也。中國社會之始變，周平王東遷，實肇其端。續以產業之發展，工具之進步，與夫氏族制度之寖於瓦解，使社會秩序為之一變。傅斯年曰：「春秋時代之為矛盾時代，……徵之於《左傳》《國語》者，無往不然，自政治以及社會，自宗教以及思想，彌漫皆是。」（《性命古訓辨證》中卷）蓋古老之政治制度，不復適應於進步之產業矣。致使國際之侵略戰爭及社會之政治壓

力，日益加深。洎乎戰國，王室式微，諸侯僭號，掠奪土地之戰爭隨鐵器及經濟之進展而愈演愈烈。孟子曰：「今之事君者曰：我能為君辟土地，充府庫，今之所謂良臣，古之所謂民賊也。」（《告子》下）辟土地所以為戰爭之根原也，而土地之私有制由是奠定，人民之困苦，日甚一日，固不待言矣。

當是時也，王官失守，散諸四方，諸侯爭相延用，於是專家學者復入諸侯卿士之彀中，一則以維持其安逸之生活，一則以假諸侯之力闡發其說，故百家立論，均欲解決由舊農業社會崩潰而生之諸問題，而尤重於封建禮制之重建及心性道德之修養。蓋若輩或出於王官，或出於貴族，但有高層事務之經驗，而缺乏群眾生活之根據。

由是知莊子思想雖為玄虛，必不能遠社會環境及歷史潮流而獨立，兼以莊書為百餘年莊派思想之彙編，今論述莊子思想，非特不必囿於莊周一人，且宜以「學案」或「學史」視之也。陳寅恪曰：「中國古代史之材料，如儒家及諸子等經典，皆非一時代一作者之產物，昔人籠統認為一人一時之作，其誤固不俟論。今人能知其非一人一時之所作，而不知以縱貫之眼光，視為一種學術之叢書，或一宗傳燈之語錄，而斷斷致辯於其橫切方面，此亦缺乏史學之通識所致。」（〈馮友蘭中國哲學史審查報告一〉）

第二節　形上學

道家出世，蟄於江淮山澤（莊子故里為淮水流域，菏水獲水皆入泗注淮。）；閒居燕遊，唯以冥思為務。故立「道」為其自然學說之理論根據，此道家之形上思想，所以精於諸子者也。

「道」無可置疑者，乃莊子（老子亦然）目中天地萬物之最高法則，為歷來治莊者所公認。謝无量曰：「道家之學，以一道字為宇宙之根柢。老子言道之周遍宇宙者詳矣。莊子益說得此事精微。」（《中國哲學史》）馮友蘭曰：「道為天地萬物所以生之總原理。」（《中國哲學史》）蔣錫昌曰：「《莊子》一書，言道之書也，故道實為其書最要之名。」（《莊子哲學》）近人陳鼓應一反前說，以為不然，其曰：「若說老莊的『道』，即使可以解釋為萬物的根源、法則或動力，然而這又從何證明！既然感覺不可經驗，理智又無法推想，說穿了，還不是一套觀念的游戲？因此，若從形上學的立場來看莊子的道，它只不過是一個沒有意義的語言（Meaningless Language）而已。若有意義，也

不在於一般學者所說的：它是個『總原理』，它無所不在，却又超越了這個那個——這些都毫無眞實性可言。」（《莊子哲學》十三）善哉斯言！膽識誠有邁前人者也。感覺不可經驗，理智亦不可推想，乃莊子思想之大病。特陳君據以否定莊子形上之義似亦太過耳。

　　形而上學（metaphysics）者，凡探討宇宙起源及本質之諸問題皆屬之，不必拘於立論之觀點與方法也。莊子之「道」，宇宙本質之概念也。爲一超感覺之抽象存在，凡一切具體之事物，不過是空幻之現象而已。故其本質非人類感官所能感覺。亦非實踐之經驗所能感覺。

一、宇宙之本體

　　宇宙之本體，內篇〈大宗師〉言之：

> 夫道，有情有信，无爲无形，可傳而不可受，可得而不可見，自本自根，未有天地，自古以固存，神鬼神帝，生天生地，在太極之先而不爲高，在六極之下而不爲深，先天地生而不爲久，長於上古而不爲老。

　　郭象曰：

> 有無情之情，故無爲也；有無常之信，故無形也。古今傳而宅之，莫能受而有之。咸得自容，而莫見其狀。明無不待有而無也。無也，豈能生神哉？不神鬼帝而鬼帝自神，斯乃不神之神也；不生天地而天地自生，斯乃不生之生也。故夫神之果不足以神，而不神則神矣，功何足有，事何足恃哉！言道之無所不在也，故在高爲無高，在深爲無深，在久爲無久，在老爲無老，無所不在，而所在皆無也。且上下無不格者，不得以高卑稱也，外內無不至者，不得以表裏名也；
> 與化俱移者，不得言久也，終始常無者，不可謂老也。（《莊子注》）

道雖無爲無形，乃爲存在之實體（reality），無時無地而無不有之，蓋超乎時間空間之上，爲天地萬物之所由生也。莊子與老子最大之相似，斯乃道體之主張也。「有情有信，无爲无形」即老子之「道之爲物，惟恍惟惚，惚兮恍兮，其中有象；恍兮惚兮，其中有物。窈兮冥兮，其中有精；其精甚眞，其中有信。」（二十一章）情者精也。奚侗曰：「情借爲精」（《莊子補注》）是也。「先天先地」所以爲「有物混成，先天地生。」（二十五章）之道也。

　　戰國末世，道家學者亦衍此義，〈知北遊篇〉曰：「道不可聞，聞而非也；

道不可見，見而非也；道不可言，言而非也。知形形之不形乎！道不當名。」
頗有老子風格。又曰：「不以生生死，不以死死生，死生有待邪？皆有一體，
有先天地生者物邪？」皆闡述道之本體也。

二、宇宙之形成

　　道為宇宙之本體，亦為宇宙進化及形成之總法則，然宇宙始生之狀態為
「無」，「無」與「道」二者之概念模糊，故胡哲敷曰：「無與道實無分辨，故……
老子論宇宙來源的地方，有時指明是無，有時又指明是道。」（《老莊哲學》）
似無別，終為有別，「道」為駕御天地萬物之環樞，塞乎天地萬物之間，無事
無物不受其控制焉。「無」者宇宙始生之抽象空空如之狀態也，由「道」而來，
受道之支配。〈齊物論〉曰：

> 有始也者，有未始有始也者，有未始有夫未始有始也者。有有也者，
> 有无也者，有未始有无也者，有未始有夫未始有无也者。俄而有无
> 矣，而未知有无之果孰有孰无也。

釋德清曰：

> 『有始也者』即老子無名天地之始。『有未始有始也者』此言有始亦
> 無，謂無始也，即老子云：同謂之玄。『有未始有夫未始有始也者』
> 此本始有亦無，即老子云玄之又玄，眾妙之門；此乃單言無形大道
> 之原也。『有有也者』有即天地人物，老子有名萬物之母也。『有无
> 也者』因天地之有，乃推無名天地之始，此蓋就有形以推道本無形
> 也。『有未始有無也者』此言天地萬物，有形出於無形，而大道體中，
> 有無不立，故云未始有。『有未始有夫未始有無也者』上言有無俱無，
> 此言俱無亦無，迥絕稱謂，方是大道之玄同之域，故以此稱為虛無
> 妙道。」（《莊子內篇注》）

釋德清以老解莊，尚為得體。老子宇宙之始但一「無」字而已，莊子於「無」
字外，復標出同義異名之「始」字，「無」「始」之前，復有累進之無始，「無」
前有「無無」，「無無」之前復有「無無無」。「始」前有「無始」；「無始」之
前復有「無無始」。如此推衍，態度雖為認真，唯手續多餘，似徒饒舌耳，秦
漢之際，道家學者乃以時空之觀念，推衍道體，以臻精審。〈庚桑楚篇〉曰：

> 出无本，入无竅，有實而无乎處，有長而无乎本剽，有所出而无竅
> 者有實。（馬敘倫以上三句有錯亂，作『有所出而无本者有實，有所

入而无竅者有長，有實而无乎處，有長而无乎本剽。』）有實而无乎
處者，宇也，有長而无本剽者，宙也。有乎生，有乎死，有乎出，
有乎入，入出而无見其形，是謂天門。天門者，无有也。萬物出乎
无有。有不能以有爲有，必出乎无有；而无有一无有，聖人藏乎是。

其所出也無本，其所入也無竅，似是來去無踪，無所著落，唯實有不然者，
宇宙乃爲有實有長之實體，有生死出入而無見乎其形，是謂天門，天門一詞
由老子書而來，（十章：「天門開闔，能無雌乎。」）宇宙一名起於戰國末秦漢
間，見《墨經》，《三蒼》，《淮南子》。而莊子復取宇宙與天門合說，於義精於
老子，故〈庚桑楚〉此章在老子後也，然作者所接受之老子之觀點，昭然躍
於字句之上，高亨謂本篇之「天門」與老子之「天門」異義（《老子正詁》）
予以爲可通也。天門者，衆妙之門也（郭象注）；宇宙者，所以容天地萬物萬
事者也。道爲宇宙之本質，塞乎宇宙之間；先宇宙生，而不出宇宙之外者，
以宇宙爲所有時空之無限延長故也，是以無乎處無本剽也（末也），則道爲宇
宙之內容，宇宙爲道之範圍也。宇宙之始爲「無」（無有也），「無」者起於有
「有」之對立也，蓋宇宙之本體，並無辨義作用也。有無相生，乃起於天官
（《荀子・天論篇》：耳目口鼻形能，各有接而不相能也，夫是之謂天官）之
辨覺，由無辨義作用之「道」，進有辨義作用之「無」，是謂之天門，故天門
者無有也，爲萬物之所出也。而所謂「聖人藏乎是」者，明謂道家之自然無
爲思想，由此而得到形上學之依據。道既爲宇宙之源，然其無意識之演進，
乃本自然之常軌而行，自然者便是無爲。

三、宇宙之法則

　　天地萬物由道而出，則天地萬物之性，亦道之性也。其一，天地萬物之
變化，皆不跳出道體之外，此道之權威性也。其二，天地萬物若能變化，道
體自亦能隨其變化，此道之普遍性也。

　　〈大宗師篇〉曰：「爲物，无不將也，无不迎也，无不毀也，无不成也。」
〈天地篇〉曰：「夫道，覆載萬物者也，洋洋乎大哉。」此謂道之無上權威也。

　　然「道」非有意志能辨義之物，任其自然，盲目而行，自由放肆，而不可
究詰。此學莊者所言也，〈知北遊篇〉曰：「天不得不高，地不得不廣，日月不
得不行，萬物不得不昌，此其道與？」〈田子方篇〉曰：「若天之自高，地之自
厚，日月之自明，夫何修焉。」〈天運篇〉曰：「天其運乎，地其處乎，日月其

爭於所乎。……意者其有機緘而不得已邪！意者其運轉而不能自止邪！」故蔣錫昌曰：「天地日月萬物之被生及其既生以後之動作，正與機器輪軸之被裝及其轉動無異，其被生及既生以後動作之意義，被動而非主動，必然而非或然，固然而無伸縮，盲目而非選擇，偶然而非預計，實與機械之觀念完全相合。」（《莊子哲學》）天地萬物雖盲目偶然，然決定之後，亦非人力所能變易也。

天地萬物秉執雖眾，變化雖多，不離「道性」者一也。〈知北遊篇〉曰：

> 東郭子問於莊子曰：「所謂道，惡乎在？」莊子曰：「无所不在。」東郭子曰：「期而後可。」莊子曰：「在螻蟻。」曰：「何其下邪？」曰：「在稊稗。」曰：「何其愈下邪？」曰：「在瓦甓。」曰：「何其愈甚邪？」曰：「在屎溺。」東郭子不應。莊子曰：「夫子之問也，固不及質。正獲之問於監市履狶也，每下愈況。汝唯莫必，无乎逃物。至道若是，大言亦然。周徧咸三者，異名同實，其指一也。嘗相與游乎无何有之宮，同合而論，无所終窮乎，嘗相與无爲乎！澹而靜乎！漠而清乎！調而閒乎！寥已吾志，无往焉而不知其所至，去而來而不知其所止，吾已往來焉而不知其所終，彷徨乎馮閎，大知入焉而不知其所窮。物物者與物无際，而物有際者，所謂物際者也；不際之際，際之不際者也。謂盈虛衰殺，彼爲盈虛非盈虛，彼爲衰殺非衰殺，彼爲本末非本末，彼爲積散非積散也。」

又曰：

> 无爲曰：「吾知道之可以貴，可以賤，可以約，可以散，此吾所以知道之數也。」

此乃莊子後學申莊子之論者，道无所不在，雖在卑下之瓦甓，屎溺，亦無不存，物之所在，道之所存焉。故至道無所逃乎於物，則物物者與物無際，陸長庚曰：「物物者，道也，道無在而無不在，故與物無際。」（《南華副墨》）是也。道至大無際，而物有際，乃是物爲感官察覺之現象，故有邊際也。如盈虛衰殺，本末聚散，皆物之邊際也，爲道之假象，故非眞正之盈虛衰殺本末聚散也。成玄英曰：「富貴爲盈，貧賤爲虛，老病爲衰殺，終始爲本末，生來爲積，死去爲散。」（《莊子疏》）然則物之形成何以由之哉？郭象注曰：「既明物物者無物，又明物之不能自物，則爲之者誰乎哉？皆忽然而自爾也。」忽然自爾，便盲目偶然之前進。〈應帝王篇〉曰：「順物自然，而勿容私焉。」其斯之謂與？

第三節　知識論

　　道爲空幻無形之存在，事物之萌生，是道之假象，非道之本體也。是以一切事物之體察皆不足信：一則感官所能感覺者，但爲現象而已；一則現象雖御於「道」，然其所以如此者，又不可知矣。〈齊物論〉曰：

> 齧缺問乎王倪曰：「子知物之所同是乎？」曰：「吾惡乎知之！」「子知子之所不知邪？」曰：「吾惡乎知之！」「然則物无知邪？」曰：「吾惡乎知之！雖然，嘗試言之，庸詎知吾所謂知之非不知邪？庸詎知吾所謂不知之非知邪？」

〈知北遊篇〉曰：

> 於是泰清中而歎曰：「弗知乃知乎？知乃不知乎？孰知不知之知？郭知知之爲不知，不知之爲知乎？」（後兩句奚侗、馬敘倫依《淮南子》補）

「知之」可爲「不知」，「不知」可爲「知之」，是不可知矣。〈養生主篇〉曰：「吾生也有涯，而知也无涯，以有涯隨无涯，殆已！已而爲知者，殆而已矣。」蓋眞知無涯無極，人惡可求之哉？然莊生自知不可止於此，而棄萬物人生而不論，於是復舉相對之原理，釋天地之萬象。宇宙萬物萬象之本質爲道，以道觀之，萬物萬象實無畛界別圍，而所以有之者，起於有吾心也；而吾心之有別，起於相對之分辨也。故凡分辨之知識，若是非，善惡，美醜，大小……之分，皆是駢拇枝指，毫無眞實可言。〈齊物論〉曰：

> 夫隨其成心而師之，誰獨且无師乎？奚必知代而心自取者有之？愚者與有焉。未成乎心，而有是非，是今日適越而昔至也。是以無有爲有。無有爲有，雖有神禹，且不能知，吾獨且奈何哉！

夫成乎心，然後是非別圍至矣。褚伯秀曰：「范無隱（應元）云：未成心則眞性渾融，太虛同量；成心則已離乎性，有善有惡矣。」（《南華義海纂微》）〈齊物論〉又曰：

> 道惡乎隱而有眞僞？言惡乎隱而有是非？道惡乎往而不存？言惡乎存而不可？道隱於小成，言隱於榮華。故有儒墨之是非，以是其所非而非其所是。欲是其所非而非其所是，則莫若以明。物无非彼，物无非是。自彼則不見，自知則知之。故曰彼出於是，是亦因彼。彼是方生之説也，雖然，方生方死，方死方生；方可方不可，方不可方可，因是因非，因非因是。是以聖人不由，而照之於天，亦因是也。是亦

> 彼也，彼亦是也。彼亦一是非，此亦一是非。果且有彼是乎哉？果且
> 无彼是乎哉？彼是莫得其偶，謂之道樞。樞始得其環中，以應无窮。
> 是亦一无窮，非亦一无窮也。故曰莫若以明。

人各隨其成心而師之，則必是其是，非其非。是非之端由是興起，而生生莫息焉。知是非皆出於主觀也。故〈齊物論〉又曰：

> 既使我與若辯矣，若勝我，我不若勝，若果是也，我果非也邪？我
> 勝若，若不吾勝，我果是也，而果非也邪？其或是也，其或非也邪？
> 其俱是也，其俱非也邪？我與若不能相知也，則人固受其黮闇。吾
> 誰使正之？使同乎若者正之？既與若同矣，惡能正之！使同乎我者
> 正之？既同乎我矣，惡能正之！使異乎我與若者正之？既異乎我與
> 若矣，惡能正之！使同乎我與若者正之？既同乎我與若矣，惡能正
> 之！然則我與若與人俱不能相知也，而待彼也邪？

是非之對象，由立場而定，泯除所有立場，則是非之端，蕩然無復存矣。故「類與不類，相與為類，則與彼无以異矣。」（〈齊物論〉）「與其譽堯而非桀也，不如兩忘而化其道」（〈大宗師〉）是非既滅，凡現象界之別面，均鏡花水月之假象，自無一定之準繩。〈齊物論〉曰：

> 且吾嘗試問乎女：民溼寢則腰疾偏死，鰌然乎哉？木處則惴慄恂懼，
> 猨猴然乎哉？三者孰知正處？民食芻豢，麋鹿食薦，蝍蛆甘帶，鴟
> 鴉耆鼠，四者孰知正味？猨猵狙以為雌，麋與鹿交，鰌與魚游。毛
> 嬙麗姬，人之所美也；魚見之深入，鳥見之高飛，麋鹿見之決驟。
> 四者孰知天下之正色哉？自我觀之，仁義之端，是非之塗，樊然殽
> 亂，吾惡能知其辯！

「正處」「正味」「正色」皆恃主觀而成立，擯棄主觀，自無「正處」「正味」「正色」之辭矣。此說有二層意義：其一主觀之適應。其二超主觀之瞰視。外雜篇除〈秋水篇〉外，鮮能同時闡釋兩層涵義。〈至樂篇〉曰：

> 昔者海鳥止於魯郊，魯侯御而觴之于廟，奏九韶以為樂，具太牢以
> 為膳。鳥乃眩視憂悲，不敢食一臠，不敢飲一杯，三日而死。此以
> 己養養鳥也，非以鳥養養鳥也。夫以鳥養養鳥者，宜栖之深林，遊
> 之壇陸，浮之江湖，食之鰌鰍，隨行列而止，委蛇而處。彼唯人言
> 之惡聞，奚以夫譊譊為乎！咸池九韶之樂，張之洞庭之野，鳥聞之
> 而飛，獸聞之而走，魚聞之而下入，人卒聞之，相與還而觀之。魚

處水而生，人處水而死，彼必相與異，其好惡故異也。故先聖不一
其能，不同其事。名止於實，義設於適，是之謂條達而福持。（按〈達
生篇〉末大致與本章相同）

先聖雖不一其能，不同其事。然猶名止於實，義設於適，成玄英曰：「夫因實
立名，而名以召實，故名止於實，不用實外求名，而義者宜也，隨宜施設，
適性而已，不用捨己效人。」（《莊子疏》）拘於名實適性，猶不能離是非之塗，
是第一層意義而已。〈齊物論〉又曰：

天下莫大於秋豪之末，而大山爲小，莫壽於殤子，而彭祖爲夭。天
地與我並生，而萬物與我爲一。

大小壽夭之於道之時空中，皆是一點（無面積），大亦一點，小亦一點，壽亦
一點，夭亦一點，則大亦小，壽亦夭也。莊子弟子或後學所著〈秋水篇〉申
論最爲透闢：

以道觀之，物无貴賤；以物觀之，自貴而相賤；以俗觀之，貴賤不
在己。以差觀之，因其大而大之，則萬物莫不大，因其所小而小之，
則萬物莫不小；知天地之爲稊米也，知豪末之爲丘山也，則差數覩
矣。以功觀之，因其所有而有之，則萬物莫不有；因其所无而无之，
則萬物莫不无；知東西之相反而不可以相无，則功分定矣。以趣觀
之，因其所然而然之，則萬物莫不然；因其所非而非之，則萬物莫
不非，知堯桀之自然而相非，則趣操覩矣。……萬物一齊，孰短孰
長？道无終始，物有死生，不恃其成，一虛一滿，不位乎其形。年
不可舉，時不可止，消息盈虛，終則有始。是所以語大義之方，論
萬物之理也。物之生也，若驟若馳，无動而不變，无時而不移。何
爲乎，何不爲乎？夫固將自化。

此復言事物永遠變動，無固定性質，則人類亦無從辨認其別囿矣。

由是觀之，宇宙之事物，皆起於心之分辨，萬象萬態，光怪陸離，可見
可聞，可觸可臭，或官能之不可及者，變化雖遽，品類雖繁，其本一也。「一」
爲莊子統一品類之概念。「道」爲宇宙之本質，「無」爲宇宙始生之抽象狀態，
「有」爲物質之始，萬物之所以滋生者也。萬物雖眾，皆由「有」出，故「有」
者一也，言「有」爲一單位之概念也。《老子》曰：「道生一」〈說文〉曰：「一
惟初太始，道立於一，造分天地，化成萬物」是也。〈齊物論〉曰：

可乎可，不可乎不可，道行之而成，物謂之而然，惡乎然？然於然。

惡乎不然？不然於不然。物固有所然，物固有所可。无物不然，无
物不可。故爲是舉莛與楹，厲與西施，恢恑憰怪，道通爲一。其分
也，成也；其成也，毀也。凡物无成與毀，復通爲一。

故曰：「天地與我並生，而萬物與我爲一」也。道家貴「一」，《老子》五千言，
言一者多矣。《莊子・知北遊篇》兼采《老子》之意曰：「若死生爲徒，吾又
何患！故萬物一也。……故曰『通天下一氣耳。』聖人故貴一。」

　　莊子以事物爲道之假象，事物變化無常，非感官所能分辨。若世俗之有
辨，皆起於主觀之成心，不足爲據也。然辭雖高而尚虛，意雖妙而寡實。摒
棄客觀世界，漠視現實社會，徒自鳴高而退縮於現實，其失者一也。社會之
大小問題與現象，以「道」觀之，皆渺不足道，故齊其別圍，否定問題，其
失者二也。否定感官作用及外界知識，亦否定實踐與經驗，故缺乏客觀分析
而後歸納之理論依據，但能坐而言不能起而行，其失者三也。莊學盛於六朝，
斯三者之發爲清談，蓋有以也。

第四節　人生觀

　　夫人生者，文化學術之重心也，舍人生而論學術，猶緣木而求魚也。莊
周，超塵不羈之士也。荀況訕以蔽於天而不知人，謂其不務人事也。若莊周
聞之，必曰不然也，〈養生主〉所謂保身全生養親盡年者，所以攝衛生靈，
盡其天年也。〈人間世〉之無用之用者，乃應世之大用也。蓋衰亂之世，動
輒得咎，非退隱保眞，不足以生存也。王先謙曰：「〈人間世〉謂當世也，事
暴君，處汙世，與人接無爭其名而晦其德，此善全之道也。」（《莊子集解》）
然則荀卿之言非誣者乎？曰不然也。莊子視萬物之於道，猶罍空之在大澤
也，視人之於萬物，猶毫末之於馬體也。人小道大，然後人類社會之現象，
咸泯滅於「道觀」之中矣。以退卻爲前進，以否定爲解決，以苟安爲適應，
以莫視爲空幻。蓋於人生，恒取出世退縮之態度，今分項論之，皆本此一貫
之精神也。

一、出　世

　　諸子立說，皆所以鍼砭時弊，儒家入世，道家出世，其義一也。道家疾
政治之險惡，禮制之虛僞，而欲脫身於俗世。此老莊之所同也。〈達生篇〉曰：

> 夫欲免爲形者，莫如棄世。棄世則无累，无累則正平，正平則與彼
> 更生，更生則幾矣。

〈達生篇〉爲得莊子本眞者所作，棄世無累，則幾近道矣。陸長庚曰：「棄世者，斷緣簡事，省之又省，而不以世情爲情也。」（《南華副墨》）是也。

　　出世宜潛隱自沒，以遠離勢利之社會，還我樸素之本眞，故老子有寡國小民，鷄犬相聞，民至老死不相往來之理想，莊子卻聘楚王，語諷曹商，亦所謂游方外者也。〈馬蹄篇〉曰：「夫赫胥氏之時，民居不知所爲，行不知所之，含哺而熙，鼓腹而遊，民能以此矣。」成疏：「夫行道之時，無爲之世，心絕緣慮，安居而無所爲，率性而動，遊行而無所往。」斯乃莊子出世之方也。故亦不必皆遁世索居，〈天下篇〉曰：「獨與天地精神往來，而不敖倪於萬物，不譴是非，以與世俗處。」此之謂也。

二、恬　淡

　　出世故能恬淡自適，樂其所窮也。世俗之功名利祿，皆空幻而悖性，焉能浼我哉？故楚王使大夫來聘，莊子鈞不顧曰：「吾聞楚有神龜，死已三千歲矣，王巾笥而藏之廟堂之上。此龜者，寧其死爲留骨而貴乎？寧其生而曳尾於塗中乎？」（〈秋水篇〉）又曰：「子見夫犧牛乎？衣以文繡，食以芻叔，及其牽而入於大廟，雖欲爲孤犢，其可得乎？」（〈列禦寇篇〉）蓋所以保高尙之遐志，貴山水之逸心也。

　　逮及秦漢之世，受神仙家影響之道家學者，乃發恬淡之深義也，〈刻意篇〉曰：

> 若夫不刻意而高，无仁義而修，无功名而治，无江海而閒，不道引而壽，无不忘也（郭慶藩案忘乃亡之借字），无不有也，澹然无極而眾美從之，此天地之道，聖人之德也。故曰：夫恬惔寂漠虛无无爲，此天地之平而道德之質也。故曰：聖人休休焉則平易矣，平易則恬惔矣。平易恬惔，則憂患不能入，邪氣不能襲，故其德全而神不虧。

無所不忘，無所不有，而後澹然無極而美從之，此乃天地之道，聖人之德也，故恬淡寂漠虛無無爲者，蓋有其形上學之依據也。

三、安　命

　　恬淡平易既有其理論上之依據，則人生命運必合於「道」之法則，蓋人

秉道而生，亦秉道而行，天地無私，普澤眾生，人生之各種現象，生老病死，貧賤富貴，奇正醜美，非特不足爲慮（兼有齊一之義），且須處之以樂，於是世無紛爭，民無哀怨矣，然則欲民放棄對強權之抵抗及社會之改革，而俯首承受於他人所強加之命運，毋奈太過乎。

此主宰人生之道，曰「眞宰」，〈齊物論篇〉曰：「非彼无我，非我无所取。是亦近矣，而不知其所爲使。若有眞宰，而特不得其眹。可行己信，而不見其形，有情而无形。」姚鼐曰：「第求無彼無我，乃彭蒙田駢慎到之術，非眞知道者，眞知道者必求眞宰。不見其眹而無處不可見。」（《莊子章義》）蓋道之爲物，有情有信，無爲無形也。

又謂之曰「造物者」。子輿病曰：「偉哉夫造物者，將以予爲此拘拘（司馬云：體拘攣也）也。」俄而子來將死，子犁曰：「偉哉造化！又將奚以汝爲，將奚以汝適？以汝爲鼠肝乎？以汝爲蟲臂乎？」子來亦曰：「……夫造化者必以爲不祥之人。……」是知又謂之「造化者」矣（〈大宗師〉）。《淮南子‧精神訓》子輿病作「子求」，俞樾以爲求者來字之誤（《莊子平議》），而「造物者」，《淮南》正作「造化者」，知二者相通矣。順造化而行，謂之命，〈德充符篇〉曰：

> 死生存亡，窮達貧富，賢與不肖毀譽，飢渴寒暑，是事之變，命之行也。

又曰：

> 受命於地，唯松柏獨也在冬夏青青；受命於天，唯舜獨也正，幸能正生，以正眾生。

又曰：

> ……知不可奈何，而安之若命，唯有德者能之，游於羿之彀中，中央者，中地也，然而不中者，命也。

社會之現象，人類之行爲，皆受之於命，安命所以爲德。〈大宗師〉曰：

> 天无私覆，地无私載，天地豈私貧我哉？求其爲之者，而不得也。
> 然而至此極者，命也夫。

天無私覆，地無私載，亦儒家語也（又見《禮記‧孔子閒居》）。天地固無私矣，然豈能窮我哉？《荀子‧天論篇》曰：「天行有常，不爲堯存，不爲桀亡。應之以治則吉，應之以亂則凶。」天行亦無私矣，但吉凶由人非天也。又曰：「彊本而節用，則天不能貧。養備而動時，則天不能病，脩道而不貳，則天

不能禍。」善哉斯言，與夫莊子之因循退縮，儼然是二個世界之思想。蓋莊子天地（道之發揮）無私，而仍有偉大之意志，社會人生之現象皆奉此意志而行。特天地無私，故不因愛憎而與之以貴賤也，然問其貴之所以貴，賤之所以賤者，又不可知矣，此是為盲目之安命思想。《荀子・天論篇》曰：「故錯人而思天，則失萬物之情。」或即為因莊子而發耶。

四、逍　遙

逍遙者，遊也（見第三章）。猶今之所謂自由也。郭象注：「放於自得之場。」王督夜注：「調暢逸豫」，皆引申之義，非莊子本恉。

安命者，兼安其窮達貧富毀譽賢愚之諸善與不善也，然所重者在安其窮貧毀愚之諸不善也。不善者不易安，人情之常也。故倡逍遙以濟之，冀希從精神之自由以解脫物質之束縛，然後彷徨乎無何有之鄉，逍遙乎廣莫之野也。〈逍遙遊〉曰：

> 北冥有魚，其名為鯤，鯤之大，不知其幾千里也。化而為鳥，其名
> 為鵬。鵬之背，不知其幾千里也；怒而飛，其翼若垂天之雲。是鳥
> 也，海運則將徙於南冥。南冥者，天池也。

鯤化為鵬，破形相藩蘺之自由也；由水之天，超空間界限之自由也。然後順自然現象乘風（林希逸曰：海動必有大風。）而上南冥。南冥者，天池也。隱喻宇宙之至高本體也，逍遙於天地之間，與萬化冥合也。

道，大也，逍遙亦大也。鵬之背不知幾千里，水擊三千里，博扶搖而上九萬里，所喻在大也。蜩與學鳩笑之曰：「我決起而飛，搶榆枋，時則不至而控於地而已矣，奚以九萬里而南為？」蓋蔽於一曲，欣然自喜，豈知至道宇宙之大乎。故曰：「之二蟲又何知？」然《世說新語》引向秀郭象逍遙義曰：「夫大鵬之上九萬，尺鷃之起榆枋，小大唯差，各任其性，苟當其分，逍遙一也。」郭象《莊子注》曰：「二蟲，謂鵬蜩也。」此向郭誤與齊物論相混也。俞樾曰：「按郭象注曰『：二蟲謂鵬蜩也。』此恐失之，二蟲當為蜩與鸒鳩，下文曰：『奚以知其然也，朝菌不知晦朔，蟪蛄不知春秋。』是所謂不知者，謂小不足以知大也。然則此之二蟲又何知，其謂蜩鳩二蟲明矣。」（《莊子平議》）曲園所說是也。故人亦宜似藐姑射山之神人，乘雲氣，御飛龍。而遊乎四海之外，將磅礡萬物以為一世蘄乎亂也。（于省吾《莊子新證》曰：合萬物以為一體而大蘄乎治也。）

五、養　生

逍遙由內而外，養生由外而內也。精神求其自由，軀體亦須善其養，蓋容忍安命，易頹廢輕生，故處亂世，宜有養生之道也。

亂世退隱，物質生活必困焉，則不能不寡欲以求其全。欲原起於本能之外射，而道家則以爲外物頗能起欲，物在而欲存，物去即所以欲去也，故《道德經》謂：「不見可欲使民心不亂。」是知養生爲內斂之工夫。

其始也，依乎自然，不妄作爲，則我無爲而治矣。〈養生主篇〉曰：

> 庖丁釋刀對曰：「臣之所好者道也，進乎技矣。……臣以神遇而不以目視，官知止而神欲行。依乎天理，批大郤，導大窾，因其固然。……今臣之刀十九年矣，所解數千牛矣，而刀刃若新發於硎。彼節者有閒，而刀刃者无厚；以无厚入有閒，恢恢乎其於遊刃必有餘地矣。」

刀十九年而若新發於硎，蓋能依乎天理，因其固然，不妄行，不妄作，以無厚入有間，必不能損傷也。人生亦當如是，順自然之理，則外物莫之能傷也。其次必去外物之欲。〈達生篇〉曰：

> 夫畏塗者，十殺一人，則父子兄弟相戒也。必盛卒徒而後敢出焉，不亦知乎！人之所取畏者，袵席之上，飲食之間，而不知爲之戒者，過也。

〈天地篇〉曰：

> 且夫失性有五：一曰五色亂目，使目不明；二曰五聲亂耳，使耳不聰；三曰五臭薰鼻，困惾中顙；四曰五味濁口，使口厲爽；五曰趣舍滑心，使性飛揚。此五者，皆生之害也。

〈繕性篇〉曰：

> 今之所謂得志者，軒冕之謂也。軒冕在身，非性命也，物之儻來，寄者也。寄之，其來不可圉，其去不可止。故不爲軒冕肆志，不爲窮約趨俗，其樂彼與此同，故无憂而已矣。今寄去則不樂，由是觀之，雖樂，未嘗不荒也。故曰，喪己於物，失性於俗者，謂之倒置之民。

是知甘食美服之用，聲色犬馬之娛，乃所喪己亂性者，必棄之然後可也。秦漢以後，道家養生之道，爲神仙家所用，而演爲養生吐納之術矣。

六、生　死

生死，個體之生滅，人生之要事也。生之始，固可喜也，而不必知其蒙

蒙自何處來。生之終，則一生事物所據有之時空間，驟然消散，於人於己，誠未嘗不惴慄者也。於死之所去，亦靡不耿耿於方寸之中矣。

　　莊子出世安命，以道觀之，「生」原爲「道」之假象；以世觀之，「生」本是「死」之歸宿。故於生死取其一如之達觀態度。〈齊物論〉曰：「方生方死，方死方生。」〈大宗師篇〉曰：「夫大塊載我以形，勞我以生，佚我以老，息我以死，故善吾生者，乃所以善吾死也。」又曰：「古之眞人，不知說生，不知惡死。」蓋生死亦秉諸造物者，有生必有死，有死必有生，何必厚此薄彼耶？故又曰：「死生，命也。」此命又可謂之攖寧，〈大宗師篇〉又曰「殺生者不死，生生者不生，爲物，无不將也，无不迎也，无不毀也，无不成也，其名爲攖寧，攖寧者，攖而後成者也。」

　　至莊子後學，於生死觀別有見解。〈知北遊篇〉曰：「人之生，氣之聚也；聚則爲生，散則爲死。」〈田子方篇〉曰：「至陰肅肅，至陽赫赫，肅肅出乎天，赫赫發乎地，兩者交成和而物生焉。」物生於陰陽之交，而生死爲氣之聚散，聚與散皆一氣耳。故道家消極派乃變本加厲，以死爲樂，〈至樂篇〉髑髏曰：「死，无君於上，无臣於下，亦无四時之事，從然以天地爲春秋，雖南面王，樂不能過也。」是知其時君臣之爲害有過於死，民不聊生，乃以死爲樂之名而就死也。

七、坐　忘

　　人生最高之修養境界爲坐忘，坐忘者，忘我也。〈齊物論篇〉曰：

> 南郭子綦隱机而坐，仰天而噓，荅焉似喪其耦。顏成子游立侍乎前，曰：「何居乎？形固可使如槁木，而心固可使如死灰乎？今之隱机者，非昔之隱机者也。」子綦曰：「偃，不亦善乎，而問之也！今者吾喪我，汝知之乎？女聞人籟而未聞地籟，女聞地籟而未聞天籟夫！」

此吾喪我，便是虛靜生慧之心理態狀。〈大宗師篇〉曰：

> 顏回曰：「回益矣。」仲尼曰：「何謂也？」曰：「回忘仁義矣。」曰：「可矣，猶未也。」他日，復見，曰：「回益矣。」曰：「何謂也？」曰：「回忘禮樂矣。」曰：「可矣，猶未也。」他日，復見，曰：「回益矣。」曰：「何謂也？」曰：「回坐忘矣。」仲尼蹴然曰：「何謂坐忘？」顏回曰：「墮肢體，黜聰明，離形去知，同於大通，此謂之坐

忘。」

謂摒棄我執，與萬化冥合，同於大道也。就心論之，又謂之心齊，〈人間世篇〉
曰：

> 若一志，无聽之以耳而聽之以心，无聽之以心而聽之以氣！聽止於
> 耳，心止於符。氣也者，虛而待物者也。唯道集虛。虛者，心齋也。

夫道無爲無形，可傳而不可受，故摒棄官能！以氣爲介，以心爲用，心虛則
道集矣。

第五節　政治觀

　　道家主出世無爲之說，就政治形態言，本無建設性之積極理論與方法。
老子反聖賢反禮制，而猶有「治國」之觀念；其陰柔思想，復爲後世帝王之
一術也。莊子寄辭謬悠，託意玄冥。益難表現有系統之政治言論，而尤以志
在逍遙，政治、政府之意念本已蕩然無存矣。故漢初老學行焉，而未聞有莊
子也。蓋鮮言治道無可適從也。是以後之治莊者言莊子政治，多係人生觀之
擴大耳。今三十三篇文獻中，具體之政治見解，推〈天地〉、〈天道〉、〈天運〉
三篇，唯之三篇最不可信，多儒仙陰陽之說，與莊周尤爲疏遠。或有論其政
治哲學，條目井然，系統謹嚴，亦非莊子本義，不足爲訓也。今取內篇〈應
帝王〉一篇爲主，以說其政治思想焉。〈應帝王篇〉曰

> 天根遊於殷陽，至蓼水之上，適遭無名人而問焉，曰：「請問爲天下。」
> 无名人曰：「去！汝鄙人也，何問之不豫也！予方將與造物者爲人，
> 厭，則又乘夫莽眇之鳥，以出六極之外，而遊无何有之鄉，以處壙
> 埌之野。汝又何帛以治天下感予之心爲？」

此正爲莊生之政治觀也，方將與造物者爲偶（章太炎《莊子解故》：人即爲偶），
乘莽眇之鳥，以出六極之外，而後同於大通也。斯爲莊生思想之鵠的矣，今
問以爲天下，自無心事於此也。又復問，不得而曰：

> 汝遊心於淡，合氣於漠，順物自然而無容私焉，而天下治矣。

殆亦隨口應答之辭也，淡漠無私，斯亦「同於大通」之別辭矣，於現實政治
上絲無助益。今觀莊書之治術，皆類此耳。

　　養生須順自然，天下之欲治，亦須合於自然。

　　〈應帝王篇〉曰：

明王之治，功蓋天下，而似不自己，化貸萬物，而民弗恃，有莫舉
名，使物自喜，立乎不測，而遊於无有者也。

一切依自然而行，功蓋天下，即自然之功也。又曰：

南海之帝爲儵，北海之帝爲忽，中央之帝爲渾沌。儵與忽時相與遇
於渾沌之地，渾沌待之甚善，儵與忽謀報渾沌之德，曰：「人皆有七
竅以視聽食息，此獨无有，嘗試鑿之。」

此謂爲者敗之也。〈駢拇篇〉曰：

鳧脛雖短，續之則憂，鶴脛雖長，斷之則悲。故性長非所斷，性短
非所續，無所去憂也。

〈馬蹄篇〉亦曰：

伯樂善治馬，而陶匠善治埴木，此亦治天下者之過也。

此皆違反自然，斲傷天性者也。至若聖人禮義亦皆所以亂天下者也。〈馬蹄篇〉
曰：

及至聖人，蹩躠爲仁，踶跂爲義，而天下始疑矣；澶漫爲樂，摘僻
爲禮，而天下始分矣。故純樸不殘，孰爲犧尊！白玉不毀，孰爲珪
璋！道德不廢，安取仁義！性情不離，安用禮樂！五色不亂，孰爲
文采！五聲不亂，孰應六律！夫殘樸以爲器，工匠之罪也；毀道德
以爲仁義，聖人之過也。

〈胠篋篇〉曰：

絕聖棄知，大盜乃止，摘玉毀珠，小盜不起。焚符破璽，而民朴鄙，
掊斗折衡，而民不爭，殫殘天下之聖法，而民始可與論議。

〈馬蹄〉〈胠篋〉乃戰國末秦初間道家激烈派學者所作，語氣最爲憤慨。
當是時，戰事迭起，生產凋蔽，斯民不堪其生，乃極力追思上古純樸未化之
社會。此謂之至德之世。〈馬蹄篇〉曰：

故至德之世，其行塡塡，其視顚顚，當是時也，山无蹊隧，澤无舟
梁，萬物群生，連屬其鄉；禽獸成群，草木遂長。是故禽獸可係羈
而遊，鳥鵲之巢可攀援而闚。夫至德之世，同與禽獸居，族與萬物
並，惡乎知君子小人哉？同乎無知，其德不離，同乎無欲，是謂素
樸，素樸而民性得矣。

〈胠篋篇〉曰：

子獨不知至德之世乎？昔者容成氏、大庭氏、伯皇氏、中央氏、栗

陸氏、驪畜氏、軒轅氏、赫胥氏、尊盧氏、祝融氏、伏犧氏、神農氏。當是時也，民結繩而用之。甘其食，美其服，樂其俗，安其居，鄰國相望，雞狗之音相聞，民至老死而不相往來。若此之時，則至治已。

〈山木篇〉曰：

南越有邑焉，名爲建德之國，其民愚而朴，少私而寡欲，知作而不知藏，與而不求其報，不知義之所適，不知禮之所將，猖狂妄行，乃蹈乎大方，其生可樂，其死可葬，吾願君去國捐俗，與道相輔而行！

此乃莊子後學理想之烏托邦也，故願去國捐俗，與道同行，猶臻於「大通」之域也。

附：莊子與存在主義

滿清末造，西學東漸，治學之觀念與方法，寖於變化。民初，胡適以西洋方法董理中國哲學史，爲學術界闢一蹊徑，然氏將中國思想，牽就泰西尺度，而頗爲後人詬病，蓋西方哲學方法以分析條理見長，而中西方思想之軌轍自有不同，故分析比較則可，若一味以中國之某某，即西方之某某，是膠柱鼓瑟也。中國素無主義之名，而胡氏凡一切詞彙，皆可加主義之名（-ism），淆亂視聽者，莫過於此矣（若孔子爲懷疑，無神，正名。老子爲無爲，不爭。楊朱爲爲我，無名。孟子爲樂利。莊子爲安命，守舊，出世，墨子爲平等。荀子爲戡天。韓非子爲責效等主義云云）。又以莊子爲達爾文進化論者，荀子爲倍根戡天主義者。故金岳霖曰：「有的時候簡直覺得那本書的作者是一個研究中國思想的美國人；胡先生於不知不覺間所流露出來的成見，是多數美國人的成見。」（〈馮友蘭中國哲學史審查報告二〉）

及其後也，馮友蘭《中國哲學史》，棄胡氏之瑕，以客觀態度敘述中國哲學之進展（金岳霖曰：他沒有以一種哲學成見來寫。）然亦不免與西方哲學相證（若孔子爲蘇格拉底，孟子爲柏拉圖，荀子爲亞利斯多德），是知治中國哲學者固不可泥於西方窠臼，而兼知西方哲學，已是時之必然耶。

比較（Comparative）學術之興起（如哲學、法律、文學、宗教等），乃治學方法之重大進步也。然其弊在於郢書燕說，牽強附會，尤以西方現代科學附會古書，曰古人有之，如謂《墨經》爲世界最古之名學，先亞利斯多德百

年而有邏輯（梁啓超《墨經校釋》自序），河圖洛書有原子彈之理論云云（立委廖維藩云）。民國 14 年楊肇燩著〈唐人曹紹夔所知道的「同情震動」〉唐鉞稱此「同情震動」應爲「同律相應」之誤，同律相應於《莊子・徐無鬼》調瑟一段所云者已有之。唐氏曰：「吾國人對於同律相應的現象的知識雖然比楊先生所說的發生較早，然而這種知識的精密程度都沒有他所說的那樣高。楊先生說：『曹紹夔所說的磬律，就是磬的自由週期或週期律。』這是楊先生把近代的觀念參入曹氏的話。其實曹氏所謂『律』乃指『六律』之『律』。這律是耳朵聽得來的，大體說就是現在所謂音高。古人不過知道凡發同音高的物體會彼此相應，和音高樂器的長短輕重形式有一定的關係罷了。至於音高的變化由樂器上的週期振動率，似乎始終不知道。所以至清代漢學家講求音律呂的人還只說管絃的長短而絕不提及振動數。」（《國故新探》）此爲一味穿鑿者當頭一棒。

二十世紀以來，存在主義（Existentialism）興於西方，至五十年代，踵事增華，風靡寰宇。敏感之學者，遂奮身而起以尋見其東方支店之代理人，在千百哲人中尋出莊周，黃袍加身，擁爲存在主義之東方祖師。若莊叟九泉有知，其必喟然而曰：「後世之學者，不幸不見天地之純，古人之大體，道術將爲天下裂。」

持此說者，日本則爲京都大學人文科學研究所副教授福永光司（1956 年有《莊子》一書，朝日新聞社出版）。臺灣則爲青年學者臺大哲學系副教授陳鼓應（民國 55 年出版《莊子哲學》），二氏立說，創見殊多，唯咸以存在主義之觀念闡述莊學，並以莊子爲最早之存在哲學家。福永氏雖謂曰：莊子哲學是否爲存在主義，非其所關心者。然其《莊子》緒言全文皆本此理論推說。予非研究哲學者，但對中國之學術思想與歷史哲學（姑名哲學）略有癖好而已，故敢陳以平日所見之數端焉。

自希獵以來之西方傳統哲學，雖歷盡滄桑，而殊不能改變西方之精神面貌，尤經工業技術革命，資本主義崛起之後，舊思想既不能解決社會之紊亂，更不能彌補人性之空虛，於是存在主義之說，應運而起，其先驅爲丹麥之有神論者齊克果（Kierkegaard 1813～1855），其後尼采（Nietzsche 1844～1900）鞭笞上帝，倡生命哲學。近人海德格（Heidegger 1889～1976）立存在分析之說，推波助瀾，建樹不少。幾可謂集大成者，斯爲創造「存在主義」一詞之沙特（Sartre 1905～1980），氏曾拒受諾貝爾文學獎而赫赫於世。

　　沙特於 1946 年發表〈存在主義是人文主義〉（法文 L'existeutialisme est un humanisme）一文為存在主義甚重要之文獻（鄭恆雄譯，存於陳鼓應所編《存在主義》一書中）其曰：「存在主義——就我們所使用的意義而言——是一個使人生成為可能的學說；同時也是一個斷言任何真理及行為必須包含環境及人類主觀性的學說。」又曰：「無神論的存在主義者，我即是一個代表，極為一致地聲明，假若上帝不存在，那麼至少有一個東西，它的存在先於它的本質，一個能被任何概念所限定的存在於它之前的東西，這個東西即是人。……人首先存在，碰到各種遭遇，在世界上起伏不定——然後限定他自己……他在存在之後，才能想像他自己是什麼——這是在他躍進存在之後意欲的。人除自我塑造之外，甚麼也不是。」又曰：「我們的出發點便是個人的主體性……我們在『思考』時，不僅發現了自己，也發現了別人……在這世界中，人必須決定他是什麼，並且認定別人是什麼。」

　　是知存在主義以人為主體，人之存在，所以排斥上帝之存在也。人生命之前，一無所有，一切為後天之創造，無先生命而存在之物，故人之宇宙而外，別無宇宙。且亦無物質精神二元之對立，事物之本質乃盲目而靜止者，萬物萬事皆由意識而存在，意識遠離過去，投向未來，而充滿自由之思想。（參見盧月化〈沙爾特與存在主義〉）故沙特又曰：「假如存在先於本質，我們永遠無法根據天賦和特殊的人性去解釋自己的行為；換言之，無所謂決定論之存在——人是自由的，人即自由。人被注定是自由的。自從他被拋進這個世界的瞬間，他要對他所做的一切事情負責。」

　　誠然莊子亦重視人，重視存在，否認上帝，崇尚自由。福永曰：「在莊子，人只是如然地被投到世界上的一個生命而已。……人只是這麼一個自體，生了且又將死去的，人的存在本身，便是超越了善惡之價值批判的。……人的存在自始便是孤獨的，人沒有可依靠的神。」（陳冠學譯，見《莊子》，三民書局）然此思想僅是莊子之皮相，乃莊子中心精神外鑠之部分現象而已。其歷史意義時代背景與現代哲學之存在主義迥然不同。

　　人之存在與表現，乃是中國文化所以異於西方者，與其謂莊子重視存在，毋寧謂孔子。以人為本之思想，先秦諸子莫不然也。人之所以為天，天人之思想之盛行，使神之存在於先秦時代淡然模糊，故否定上帝之「存在」非中國哲學之主要課題也。墨家倡明鬼天志，亦未給上帝賦予形上學之義，以成為其中心思想之依據，只是用以反對儒家之說，及做為社會制裁之工具而已。

西方文藝復興之後，人格乃從神格之枷鎖下解脫，然至二十世紀將終之今日，神之存在，可由教皇「神權」之存在，得到肯定，此尼采所以在百年前欲宣告上帝死亡之故也。沙特亦本此思想，乃發為絕對排除上帝之說。因此二者之基本精神實不能相提並論。

　　莊子雖為一元論者，然以道為虛無之實體先於「存在」而存在，客觀世界（自然）之變化，人可以與之合為一體，而不能改變自然，此是唯心論者，亦是宿命論者。而存在主義之「存在先於本質」（Existence Precdes essence）之概念，為莊子所無，其對事物之分析方法，更非莊生所能瞭解。又存在主義之自由，乃出於人之獨立存在。沙特曰：「無所謂決定論之存在──人是自由的，人即自由，人被注定是自由的。」莊子之自由，乃是在自然之下，放任個性以適應自然。二者之本質不同。

　　福永光司但取二者現象相同者論之，無不有避重就輕之嫌，復以死於原子彈與刀子之相同性，圖抹煞莊子與存在主義之時代歧異性。存在主義為資本主義工業社會之產物，反抗黑格爾超越之泛邏輯及實用主義（依陳鼓應說）乃是有其歷史性之繼承，尤以沙特一反昔日空談哲學之虛調，倡導實際行為領導社會曰：「除去行動，別無其他的真實。」「人除去行動，什麼也不是。」（沙特為社會運動者）則受現代政治思想之影響使然。莊子純係質樸之道家思想，既無今日之政治思想，且在先秦之農業社會，尚是消極退縮派者。

　　福永氏又「袒護」莊子，以為莊子非逃避，虛無，厭世，神祕主義者。即是承認莊子為存在主義者，蓋存在主義乃蔑視歷史進化哲學，否定時代任務者也。

　　存在主義乃是近代西方空虛思想中，塗補空虛之第一道色彩，其年壽，與現行迷你裝一般，即將隨布袋裝上空裝成為褪色之名稱。哲學之最後鵠的，乃是根本解決人生之問題，而存在主義雖能彌補一時之空虛，仍無永存之值價。尤以其「荒謬的」（absurid）觀點，迴非人生之常態，存在主義之小說，頗表達此種荒謬之思想。卡繆（Camus）之《異鄉人》（*The Stranger*）及沙特之《作嘔》（*The Nausea*）是也。沙特曰：「每一樣存在着的東西，都是無緣無故的出生，由於懦弱而自行延續，隨偶然而趨於死亡。」如此雖是暴露社會之現象，然撲朔迷離，令人恍惚失措，遠非國人所能了解。週來西方社會青年已溺於空虛彷徨之泥沼中，欲以瘋狂自拔而不可。施肇錫〈存在主義與當代大學生〉一文曰：「（《海濱狂戀》）電影一群男女大學生就是 beats，他們撕破了文明的外衣，在

海灘上瘋狂做愛，又蜂擁衝入一家酒店，店中那位大草帽蓋頭，終日打坐，不發一語的老頭兒吸引了他們，這是什麼緣故？原來他們一方面縱情於聲色之娛，一方面卻欣賞神祕的靜坐參「禪」（Zen），這種行徑正合了存在主義先進齊克果的就此或就彼的主張。」（陳編《存在主義》）若輩亂借禪、道（Taoism）之名，以博取瘋狂中片刻之死寂，與夫莊子之道，相去不知幾許也。

今歲，西方空虛思想中之第二道色彩，已添加於存在主義之上，斯乃構成主義者也（見趙雅博《構成主義的勃興》，〈東方雜誌〉二卷七期），構成主義方興未艾，而吾人實可斷言亦將未免淘汰於異日也。

第五章　莊子之文學

上、文學理論

　　《莊子》書，衰世之書也。掊擊聖人，攘棄仁義，力反社會之一切僞作，故其辭奔馳諔詭，其意芴漠恍惚，實皆無心於文學，間有涉及言論之態度，亦在明述大道，非爲文學而費辭也。

　　顧自魏晉以下，中國藝術（廣義）理論之發展，深受《莊子》與禪宗之影響，則《莊子》必有左右藝術之力，今吾人探究《莊子》文學，宜取其合於現代文學之理論者論之，不必囿於《莊子》本意。

　　《莊子》卅三篇爲漆園至秦漢間之總集，故所謂《莊子》文學者，蓋稱其書非謂其人也。

第一節　創造論

一、直覺感受

　　《莊子》之眞知，起於直覺之感受，而不假感官之覺察，心理學上之直覺（Intuition），爲未有辨義之感官刺激，而《莊子》之直覺，爲有辨義作用之幻覺，〈大宗師篇〉曰：「夫道，有情有信，无爲无形，可傳而不可信，可得而不可見。」道爲有情有信，而又無形，故可傳可得，而未能經感官而接受，然則何者爲媒介耶？曰氣。〈人間世〉篇曰：「若一志，无聽之以心而聽之以

氣，聽止於耳，心止於符。氣也者，虛而待物者也。唯道集虛，虛者，心齋也。」此蓋《莊子》一貫以精神爲存在，現象爲空幻之思想使然，亦即《莊子》之所以爲唯心論者。

眞知不爲感官所承受，則感官所覺察之現象，及表達現象之工具，皆不足爲信，若書籍言論之爲糟魄也。

> 世之所貴道者書也，書不過語，語有貴也。語之所貴者意也，意有所隨。意之所隨者，不可以言傳也，而世因貴言傳書。世隨貴之，我猶不足貴也，爲其貴非其貴也，故視而可見者，形與色也；聽而可聞者，名與聲也。悲夫，世人以形色名聲爲足以得彼之情！夫形色名聲果不足以得彼之情，則知者不言，言者不知，而世豈識之哉！桓公讀書於堂上，輪扁斲輪於堂下，釋椎鑿而上，問桓公曰：「敢問公之所讀者何言邪？」公曰：「聖人之言也。」曰：「聖人在乎？」公曰：「已死矣」曰：「然則君之所讀者，古人之糟魄已夫！」桓公曰：「寡人讀書，輪人安得議乎！有說則可，无說則死。」輪扁曰：「臣也以臣之事觀之。斲輪，徐則甘而不固，疾則苦而不入。不徐不疾，得之於手而應於心，口不能言，有數存焉於其間，臣不能以喻臣之子，臣之子亦不能受之於臣，是以行年七十而老斲輪。古之人與其不可傳也死矣，然則君之所讀者，古人之糟魄已夫！」（〈天道篇〉）

書所以傳語，語所以傳意，不可讀其書而失其意，得其魚而忘其筌，意發而爲書，已累次失其眞意，故口不能言，有數存焉於其間。又曰：

> 可以言論者，物之粗也；可以意致者，物之精也，言之所不能論，意之所不能察致者，不期精粗焉。（〈秋水篇〉）

「言之所不能論，意之所不能察致者」之道，迥非語言文字所能表達，則似禪宗不立文字直指本心之旨。

二、移情物化

心齋之作用，在於志一虛靜，若南郭子綦隱机而坐，荅焉似喪其耦，忘我而忘物，兩忘而交融，此莊子思想最突出之表現。

> 昔者莊周夢爲胡蝶，栩栩然胡蝶也，自喻適志與？不知周也。俄然覺，則蘧蘧然周也，不知周之夢爲胡蝶與？胡蝶之夢爲周與？周與

胡蝶，則必有分矣，此之謂物化。（〈齊物論篇〉）

物化即是移情作用（Empathy），移情者，謂以我之情感移注於物中，以分享物之生命，在此物我一體之中，或我移情於物，或物移情於我。周之夢爲蝴蝶，我及物也；蝴蝶之夢爲周，物及我也。

移情宜於表現於擬人作用（Anthropomorphism），神話寓言多起於擬人，以我有意志（Will）則萬物萬事亦莫不有意志，由是汎神論（Pantheism）生焉。《莊子》寓言十九，或蜩或學鳩，或罔兩或景，乃至於諄芒、苑風、雲將、鴻蒙、髑髏、委蛇之屬，皆擬人也，而道在於螻蟻、稊稗、瓦甓、屎溺即汎神也（按汎神是借名）。

擬人又與托物變形攸關，若周爲蝴蝶，鯤之爲鵬是也。法國小說家喬治桑（George Sand）於《印象和回憶》一書云：

> 我有時逃開自我，儼然變成一棵植物，我覺得自己是草、是飛鳥、是樹頂、是雲、是流水、是天地相接的那一條橫線，覺得自己是這種顏色或是那種形體，瞬息萬物，去來無礙。

現代小說更以此主題，捷克小說家卡夫卡（Franz Kafka）之《蛻變》（*The Metamororphosis*, 1913）盡其神奇奔放之能事。

第二節　方法論

一、內　容

（一）述　道

〈天下篇〉曰：「芴漠无形，變化无常，死與生與，天地並與，神明往與！芒乎何之，忽乎何適，莫物畢羅，莫足以歸，古之道術有在於是者。莊周聞其風而悅之。」莊周所悅之古之道術，則爲「芴漠无形，變化无常」之道，而「謬悠之說，荒唐之言，无端崖之辭」之寫作對象即是此道，道爲芴漠无形，故必以謬悠荒唐无端崖說之，庶能近道，《文心雕龍・諸子篇》云：「莊周述道以翱翔」，述道即莊子寫作之鵠的，翱翔即謬悠之言，故〈時序篇〉又云：「賦乃漆園之義疏」，謂文辭爲義理之表現。

（二）貴　真

道貴眞，眞誠不僞，而後合於自然，故曰：

眞者，精誠之至也。不精不誠，不能動人。故強哭者雖悲不哀，強
怒者雖嚴不威，強親者雖笑不和，眞悲无聲而哀，眞怒未發而威，
眞親未笑而和。眞在內者，神動於外，是所以貴眞也。……禮者，
世俗之所爲也；眞者，所以受於天也，自然不可易也，故聖人法天
貴眞，不拘於俗。(〈漁父篇〉)

二、形　式

（一）修　辭

1. 不事華辭

《文心雕龍・情采篇》云：「莊周云辯雕萬物，謂藻飾也。」按〈天道篇〉
曰：「辯雖彫萬物，不自說也。」實未言辯雕以爲藻飾，《莊子》書，就內篇
言，未自以爲藻飾；就外雜篇言，亦反對華辭。內外篇皆曰：「覆載天地刻雕
眾形而不爲巧」(〈大宗師篇〉、〈天道篇〉)，郭象注「自然，故非巧也。」言
刻雕眾形，乃天地間萬物形相之異別，爲自然之功，非巧也。按形相之差異
爲自然刻雕，刻雕一詞乃莊子所直覺者，若於知覺之嚴判，「自然刻雕」亦爲
「自然」，任其刻雕而非刻雕，自然之巧而不爲巧，故溯諸本源，仍是返樸歸
眞，見素抱樸，故〈山木篇〉曰：「既雕既琢，復歸於樸」。

由是進而抨擊後天之雕琢，以悖本質之事，〈駢拇篇〉曰：

是故駢於明者，亂五色，淫文章，青黃黼黻之煌煌非乎？而離朱
是已。多於聰者，亂五聲，淫六律，金石絲竹黃鐘大呂之聲非
乎？……

《莊子》之所謂文章，乃文采也，非文辭也。又曰：

是故鳧脛雖短，續之則憂；鶴脛雖長，斷之則悲，故性長非所斷，
性短非所續，無所去憂也。

此爲自然之修辭論，凡違於性者皆不取也。〈列禦寇篇〉曰：

殆哉汲乎仲尼！方且飾羽而畫，從事華辭，以支爲旨……夫何足以
上民？

以「從事華辭」而譏仲尼不足以上者，則反藻飾也。

今就《莊子》此意，觀《莊子》辭章，不得爲之曰：亦自然之巧也，非
有意於刻雕也。

2. 不儻不譴

〈天下篇〉自朱熹以下疑非莊周自著者眾矣，竊以爲是也，既品評莊，周非周自著也明矣。(見第三章) 故知爲周之嫡派學者研究莊文風格之結論，其特色：以爲莊文雖奔肆，實有約束，蓋欲約之歸諸自然，約之返諸大道，而猶百川橫溢，終歸大海也。〈天下篇〉曰：

> 以謬悠之說，荒唐之言，无端崖之辭，時恣縱而不儻，不以觭見之也。以天下爲沈濁，不可與莊語，以巵言爲曼衍，以重言爲眞，以寓言爲廣，獨與天地精神往來而不敖倪於萬物，不譴是非，以與世俗處。其書雖瓌瑋而連犿无傷也，其辭雖參差而諔詭可觀。

不偏儻，不觭見，不譴是非乃是對事物不偏不倚之態度。連犿无傷，諔詭可觀，謂詞章之雅俗咸宜也。不敖倪萬物，言不違道也，由此知莊子亦頗近溫柔敦厚之道，若〈盜跖〉〈胠篋〉諸篇之激烈言論，則非〈天下篇〉作者所有也。

(二) 虛　構

《莊子》虛構之多，爲先秦諸子中所僅有，蓋道之爲物，惟恍惟惚，難可傳受，今不得而發爲文字，勢難綴詞，而失之於概念澀晦，故多於寓言烘托其道，即所謂化抽象爲具體也。

寓言之博爲引喻，得諸移情與想像之頻仍充沛，而尤適宏肆無涯之表現。〈天下篇〉另明其理，以爲天下沈濁，不可與莊語，故以巵言、重言、寓言爲用。〈寓言篇〉曰：

> 寓言十九，重言十七，巵言日出，和以天倪。寓言十九，藉外論之，親父不爲子媒。親父譽之，不若非其父者也；非吾罪也；人之罪也。與己同則應，不與己同則反；同於己爲是之，異於己爲非之。重言十七，所以已言也，是爲耆艾。年先矣，而无經緯本末以期年者，是非先也。人而无以先人，无人道也；人而无人道，是之謂陳人。巵言日出，和以天倪，因以曼衍，所以窮年。

寓言重言巵言，皆廣義寓言也。此虛構之法，正合於莊子之個性與思想，天地之間，無不可寫，無不合道。故〈知北遊篇〉曰：「萬物一也，是其所美者爲神奇，其所惡者爲臭腐，臭腐復化爲神奇，神奇復化爲臭腐。」考莊書舉動物約一百二十種，植物約五十種，人物 (古人、虛構人物、神、仙、鬼、怪) 約三百五十人，爲旖旎多采之寓言，增色不少。

第三節　藝術論

一、感悟入藝術

　　莊子否定感官之作用，但主心靈之感悟，感悟之經驗，乃由不斷之認識而來，或有身體之實踐並非經驗之必然，蓋最終之感悟，方能臻於藝術之領域，〈大宗師篇〉曰：

> 聞諸副墨之子，副墨之子聞諸洛誦之孫，洛誦之孫聞之瞻明，瞻明聞之聶許，聶許聞之需役，需役聞之於謳，於謳聞之玄冥，玄冥聞之參寥，參寥聞之疑始（宣穎云：至於無端倪乃聞道也）。

此為思想行為發展之程序，由文字而誦讀、明達、會通、而實踐、表現、沈思、檢討，而後感悟於道也。〈達生篇〉曰：

> 紀渻子為王養鬥雞。十日而問：「雞已乎？」曰：「未也，方虛憍而恃氣。」十日又問，曰：「未也，猶應嚮景。」十日又問，曰：「未也，猶疾視而盛氣。」十日又問，曰：「幾矣。雞雖有鳴者，已无變矣，望之似木雞矣，其德全矣，異雞无敢應者，反走矣」

由虛憍而似木雞，亦藝術精神之修養過程。

　　亞理斯多德（Aristotle）謂藝術之快感起於認識。則不經認識，必毫無感悟可言，故〈齊物論篇〉曰：「聞人籟而未聞地籟，聞地籟而未聞天籟。」天籟乃人籟經驗之積，認識人籟，始有天籟之昇華。〈逍遙遊篇〉曰：「瞽者无以與乎文章之觀，聾者无以與乎鐘鼓之聲，豈唯形骸有聾盲哉？夫知亦有之。」〈大宗師篇〉曰：「盲者无以與乎眉目顏色之好，聾者无以與乎青黃黼黻之觀。」〈秋水篇〉曰：「井蛙不可以語以海者，拘於虛也；夏蟲不可語於冰者，篤於時也；曲士不可語以道者，束於教也。」虛時道即是井蛙夏蟲曲士之認識。

　　斯賓諾莎之方法論，建起一知識上升之階梯，共四等級：證（由聽而知），感（含糊經驗），理性，直觀（悟），（見趙雅博《西洋哲學的發展》十五章）庖丁解牛實似含糊經驗，而後歸之於悟也。〈養生主篇〉曰：

> 庖丁為文惠君解牛，手之所觸，肩之所倚，足之所履，膝之所踦，砉然嚮然，奏刀騞然，莫不中音。合於桑林之舞，乃中經首之會。庖丁釋刀對曰：「臣之所好者道也，進乎技矣。始臣之解牛之時，所見无非全牛者。三年之後，未嘗見全牛也。方今之時，臣以神遇而不以目視，官知止而神欲行。依乎天理，批大郤，導大窾，

因其固然，技經肯綮之未嘗，而況大軱乎？良庖歲更刀，割也，
族庖月更刀，折也。今臣之刀十九年矣，所解數千牛矣，而刀刃
若新發於硎，彼節者有閒，而刀刃者無厚，以无厚入有閒，恢恢
乎其於遊刃必有餘地矣，是以十九年而刀刃若新發於硎。雖然，
每至於族，吾見其難爲，怵然爲戒，視爲止，行爲遲。動刀甚微，
謋然已解，如土委地，提刀而立，爲之四顧，爲之躊躇滿志，善
刀而藏之」。

庖丁解牛數千，刀刃十九年若新發於硎，則庖丁解牛必過十九年，此本是爲
實踐之成果，然文章並未強調身體實踐，曰「所好者道也，進（過也）乎技
矣」又曰：「彼節者有閒，而刀刃者无厚，以无厚入有閒，恢恢乎其遊刃必有
餘地矣。」蓋莊子重於內在之感悟，故曰：「臣以神遇，而不以目視，官知止
而神欲行，依乎天理……因其固然。」猶輪扁斲輪，不徐不疾，得心應手，
而至於藝術之呈現。〈達生篇〉曰：

顏淵問仲尼曰：「吾嘗濟乎觴深之淵，津人操舟若神。吾問焉，曰：
操舟可學邪？曰：可，善游者數能，若乃夫沒人，則未嘗見舟而便
操之也。吾問焉而不吾告？敢問何謂也？」仲尼曰：「善游者數能，
忘水也，若乃夫沒人之未嘗見舟而便操之也，彼視淵若陵，視舟之
覆猶其車卻也。覆卻萬方陳乎前而不得入其舍，惡往而不暇，以瓦
注者巧，以鉤注者憚，以黃金注者殙，其巧一也，而有所矜，則重
外也，凡外重者內拙。」

善舟者，亦須數習而後能，及其操舟忘水，故能若神，若有所矜，則不忘也。
此謂含糊經驗而後有藝術之直觀也。〈達生篇〉又曰：

孔子觀於呂梁，縣水三十仞，流沫四十里，黿鼉魚鼈之所不能游也。
見一丈夫游之，以爲有苦而欲死也，使弟子並流而拯之，數百步而
出，被髮行歌而游於塘下。孔子從而問焉，曰：「吾以子爲鬼，察
子則人也。請問蹈水有道乎？」曰：「亡，吾无道，吾始乎故，長
乎性，成乎命。與齊俱入，與汩偕出，從水之道而不爲私焉，此吾
以蹈之也。」孔子曰：「何謂始乎故，長乎性，成乎命？」曰：「吾
生於陵，而安於陵，故也，長於水而安於水，性也，不知吾所以然
而然，命也。」

呂梁縣水三十仞，流沫四十里，丈夫游之而後被髮而歌之藝術境界，但能於

藝術生活中得之。蘇軾〈日喻贈吳彥律〉文曰：「夫沒者豈苟然哉？必將有得於水之道者，日與水居，則十五而得其道。」即此理也。〈秋水篇〉曰：

> 莊子與惠子遊於濠梁之上。莊子曰：「鯈魚出遊從容，是魚之樂也。」
> 惠子曰：「子非魚，安知魚之樂？」莊子曰：「子非我，安知我不知
> 魚之樂？」惠子曰：「我非子，固不知子矣；子固非魚也，子之不知
> 魚之樂，全矣。」莊子曰：「請循其本，子曰汝安知魚樂云者，既已
> 知吾知之而問我，我知之濠上也。」

此莊子惠子之辯，皆由認識而來，惟莊子重於藝術，惠子重於理智，致流於
詭辯之嫌。

二、意境與美感

藝術始於認識，成於美感。表現者與表現對象能契合一體，非特技巧之
最高發揮，亦藝術之無上享受。〈達生篇〉曰：

> 工倕旋而蓋規矩，指與物化而不以心稽，故其靈臺一而不桎。忘足，
> 屨之適也，忘要，帶之適也，知忘是非，心之適也；不內變，不外
> 從，事會之適也，始乎適而未嘗不適者，忘適之適也。

指與物化而無求於心，猶庖丁以神遇不以目視，官知而神欲行也。主客一體
而後靈臺一而不桎。〈知北遊篇〉曰：

> 大馬之捶鉤者，年八十矣，而不失豪芒。大馬曰：「子巧與？有道與？」
> 曰：「臣有守也。臣之年二十而好捶鉤，於物無視也，非鉤無察也。
> 是用之者，假不用者也以長得其用，而況乎無不用者乎！物孰不資
> 焉。」

六十年間好捶鉤，藝術生活自是與時俱進，而於物無視，非鉤無察，專心於
一物，忘眾物以注一物，猶指與物化也。〈達生篇〉曰：

> 梓慶削木為鐻，鐻成，見者驚猶鬼神。魯侯見而問焉，曰：「子何
> 術以為焉？」對曰：「臣工人，何術之有！雖然，有一焉。臣將為
> 鐻，未嘗敢以耗氣也，必齊以靜心。齊三日，而不敢懷慶賞爵祿；
> 齊五日，不敢懷非譽巧拙；齊七日，輒然忘吾有四枝形體也。當
> 是時也，無公朝，其巧專而外骨消；然後入山林，觀天性；形軀
> 至矣，然後成見鐻，然後加手焉；不然則已。則以天合天，器之
> 所以疑神者，其是與！」

言感悟中之專一，不敢耗氣，齋以靜心，懷慶賞，懷非譽，而後忘乎四肢形體，即是呈現心齋坐忘之意境。〈達生篇〉曰：

> 仲尼適楚，出於林中，見痀僂者承蜩，猶掇之也。仲尼曰：「子巧乎？
> 有道邪？」曰：「我有道也。五六月累丸二而不墜，則失者錙銖；累
> 三而不墜，則失者十一，累五而不墜，猶掇之也。吾處身也，若厥
> 株拘；吾執臂也，若槁木之枝，雖天地之大，萬物之多，而唯蜩翼
> 之知，吾不反不側，不以萬物易蜩之翼，何爲而不得！」孔子顧弟
> 子曰：「用志不分，乃凝於神，其痀僂丈人之謂乎！」

所謂累丸，即技巧之修養過程，若厥株拘，若槁木之枝，雖天地萬物之大之多，唯蜩翼之知，此爲欣賞者與藝術對象之合一。若大馬之捶鉤，梓慶之鐻是也。

德國心理學家閔斯特堡（Munsterberg）於《藝術教育原理》云：

> 如果你想知道事物本身祇有一個方法，你必須把那件事物和其他
> 一切事物分開，使你的意識完全爲這一個單獨的感覺所佔住，不
> 留絲毫餘地讓其他事物可以同時站在它的旁邊。如果你能做到這
> 步，結果是無可疑的，就是完全孤立，就自我說，那是完全安息
> 在該事物上面，這就是對該事物完全心滿意足，總之，就是美的
> 欣賞。

以虛靜之心聚於蜩翼，即用志不分也。忘却蜩翼之外之天地萬物，但知有蜩翼，是凝於神也。猶〈知北遊篇〉所謂「物物者與物無際」也。則我猶蜩翼也，天地萬物亦蜩翼也，蜩翼即我也。此莊子以爲無上之藝術昇華也。

下、文學表現

第一節　莊子文章風格之形成

《莊子》文辭縱橫奔放，光洋怪誕，爲先秦散文中最突出之風格。若摒其義理，論其詞章，亦足爲中國舊文學不刊之瓌寶。此風格之所以成者有三：

一、楚地風尙

道家興於楚地，蓋中土泯棼，荊楚稍安一隅，兼以江漢山川蓊鬱，民富

玄思，故隱者或託情山林之間，或寄意於無爲之說，若蜎子、長盧子、老萊
子、鶡冠子（見《漢志》）、狂接輿、長沮、桀溺（《論語》）乃至於老聃、莊
周等道家者流，莫不與楚攸關。

　　莊周，南人也。莊姓出於楚宋南地，《史記》謂周爲宋之蒙人。周曾仕於
漆園，或爲虞人，其間多沼澤，頗似楚地。宋亡，或歸於楚。且周亦嘗遊楚，
與惠子遊於濠梁之上。濠水，楚地也（〈秋水〉）。之楚見髑髏（〈至樂〉）。二
事或爲寓言，然之楚必實也。楚王聘周，周必顯名於楚，斯亦莊周至楚之旁
證也。（馬敍倫《讀書續記》謂宋與楚鄰，故《莊子》多楚語）

　　《漢書・地理志》曰：「楚有江漢川澤山林之饒，民……食物常足。故呰
窳媮生，而亡積聚。飲食還給，不憂凍餓，亦亡千家之金。信巫鬼，重淫祀。」
王夫之《楚辭通釋・序例》曰：「楚，澤國也，其南沅湘之交，抑山國也，疊
波曠宇，以蕩逞情，而迫之以釜嶔戌削之幽菀，故推宕無涯，而天采轟發，
江山光怪之氣莫能揜抑。」蓋山川自然，風土俗習，感之於作者，發之爲文
學，厥力最大。故《文心雕龍・物色篇》云：「詩人感物聯類不窮，流連萬象
之際，沈吟視廳之區，寫氣圖貌，既隨物以宛轉，屬采附聲亦與心而徘徊，
故灼灼狀桃花之鮮，依依盡楊柳之貌……若乃山林皋壤，實文思之奧府，略
語則闕，洋說則繁，然屈平所以洞監風騷之情者，抑亦江山之助乎。」

　　今觀《莊子》書言楚事者眾矣，木有冥靈，歌有〈接輿〉；事有郢人堊慢，
人有南郭子綦，至若神仙長生，奇獸珍玩於《莊》書中，俯拾皆是，蓋一則
道家多楚人，劉安門下輯書時自然多取此受楚化之道家作品，二則，淮南王
門下，多吳楚方士（漢淮南王都壽春，即楚地），故擷取《莊子》之資料，亦
拘於南方。復證之於《楚辭》，則《莊子》之神仙怪異思想實與《楚辭》同出
一原。（《漢書・淮南王安傳》：武帝使爲離騷傳）

　　由此知《莊子》之浪漫風格以受楚風左右爲大。〈知北遊〉篇曰：「被衣
大說，行歌而去之曰：『形若槁骸，心若死灰，眞其實知，不以故自持，媒媒
晦晦，无心而不可與謀，彼何人哉！』」文似《楚辭・漁父》，字句鏗鏘有韻，
而心地之開朗，惟受楚化之《莊子》書中有之。

二、戰國辯風

　　春秋，封建寖毀，王官失守，游淡之風遂起，《論語》曰：「子張學干祿
（《爲政》）、「三年學，不至於穀，不易得也」（《泰伯》）、「君子謀道不謀食，

耕也，餒在其中矣，學也，祿在其中矣，君子憂道不憂貧」（《衛靈公》），則士之干進者眾矣。

　　社會既亂，遊風復起，學術文化亦隨之而變。逮及戰國，踵事增華，變本加屬，百家之學由是萌焉。《莊子・天下篇》曰：「天下大亂，賢聖不明，道德不一，天下多得一察焉以自好。」《孟子・滕文公》下曰：「聖王不作，諸侯放恣，處事橫議」即此其時也。

　　孔子以下，墨翟楊朱盛極一時，《孟子》所謂「天下之言，不歸楊，則歸墨」，故孟軻以距楊墨為己任。至若淳于髡慎到環淵騶奭之遊客，尹文、惠施、公孫龍、鄧析之辯者，乃至蘇秦張儀之縱橫捭闔，咸騁辭於三寸之舌。而同一學派猶持異說，相互攻訐。《莊子・天下篇》曰：「相里勤之弟子……俱誦《墨經》，而倍譎不同，相謂別墨，以堅白同異之辯相訾，以觭偶不仵之辭相應。」莊子生於策辯之世，自是狃於此種社會風氣，雖曰「辯也者有不見也」，而成篇累牘皆辯也（非莊子自作者，亦秉承此風），猶有孟子所謂「予豈好辯哉！予不得已也」之嘆。錢基博曰：「莊子之學出於老子，而發以縱橫家言；猶孟子之學出於孔子，而發以縱橫家言也。戰國策士，縱橫抵巇，以謬悠之說，荒唐之言，無端崖之辭，雖儒者之純實，道家之清靜，吐辭為經，猶不能出縱橫策士之囿焉，則甚矣習俗之移人也。」（〈讀莊子卷頭解題記〉）姑不論莊子是否出老子，然囿於戰國辯風明矣。

三、寓言體裁

　　《荀子・解蔽篇》謂「莊子蔽於天而不知人」，誠於先秦諸子中最具形上之義者，當推莊子，而莊子陳道言天，恍惚難傳，於諸子中亦最為晦澀。（非指古今語辭之變化）然當時此並不為莊子所病，莊子所病者在於其言能否取信於人，故曰：「以天下為沈濁，不可與莊語，以巵言為曼衍，以重言為真，以寓言為廣」意以天下沈溺混濁，不可以莊重正直之論說言之，必廣用巵言、重言、寓言，然後可以入天下人之耳，動天下人之心。故〈寓言篇〉：「親父譽之，不若非其父者也」。莊子深知人類之弱點，易信他人之言，而不信直言，是以寄託引喻為說，使莊書迥異於百家之文。吾人今日觀之，莊子立意既高，下筆不易，必舉具體故事以助說明，此亦昔日莊子著書之苦衷。

　　此類文體之特徵，必以神仙鬼怪，草木鳥獸，參與其間，而具有誇肆，詭奇、詼諧、豔麗之本質，故寓言之為用，文章之氣勢亦為四溢奔騰。

第二節　文　體

一、寓言篇之分類

（一）寓　言

〈寓言篇〉曰：「寓言十九，藉外論之，親父不爲子媒，親父譽之，不若非其父者也，非吾罪也，人之罪也。與己同則應，不與己同則反，同於己爲是之，異於己爲非之。」

〈天下篇〉曰：「以寓言爲廣。」

寓言者，即寄託之言也，凡非直論其事，而引喻說之者，即謂之寓言，莊書中十有九皆引喻也，郭象注：「十言而九見信」，意曲澀而不通。十之九，凡不直言而託人託物託獸之言之事爲之皆屬之。不必如成玄英《疏》曰：「寄之他人，其理深廣。」廣者廣用也，故十有其九。此司馬遷所以謂大抵率寓言也。

今謂寓言（Fable）已與《莊子》本意不同。英國培根（Francis Bacon）謂「它（寓言）是諷刺神與啓示神的獨生子，更是捍衛『文藝之宮』的鬥士」，法國寓言名作家拉封丹（Jean de La Fontaine）謂「故事是它的肉體，教訓是它的靈魂」，皆有諷刺教訓之義。而莊子之用心非在於此，《莊書》十之九皆寓言，若〈逍遙遊〉全篇皆由數則寓言構成；非寓言者十得其一而已，若〈齊物論〉，「大知閑閑」至「莫若以明」是也。

寓言雖多，皆託義理，《四庫全書總目提要》論《楚辭》曰：「寄託之言與莊語不同，往往恍惚汗漫，翕張反覆，迴出於蹊徑之外，而曲終乃歸於本意。」即此也。

（二）重　言

〈寓言篇〉曰：「重言十七，所以已言也，是爲耆艾。年先矣，而无經緯本末以期年耆者，是非先也，人而无以先人，无人道也；人而无人道，是之謂陳人。」〈天下篇〉曰：「以重言爲眞」。

人有敬老尊賢之常心，依賴權威之惰性，故假託前賢或傳聞之聖王之言，必能見信於人，蓋若輩既爲世所重，其言必爲權威，必爲眞信，此諸子託古之法也。所謂十七者亦謂莊書中十有七皆重言，亦即在寓言十之九之中，若意而子見許由（〈大宗師〉）、黃帝立爲天子十九年（〈在宥〉）、北門成問於黃帝（〈天運〉）、妸荷甘與神農同學於老龍吉（〈知北遊〉）……等皆是重言。

（三）巵　言

〈寓言篇〉曰：「巵言日出，和以天倪，因以曼衍，所以窮年。不言則齊，齊與言不齊，言與齊不齊也，故曰无言。言无言，終身言，未嘗不言，終身不言，未嘗不言。」

巵言一詞，隱晦不明，故眾說不一。

郭注：「夫巵，滿則傾，空則仰，非持故也，況之於言，因物隨變，唯彼之從，故曰日出。」

成疏：「無心之言，即巵言也。」

呂惠卿注：「寓與不寓，重與不重，皆巵言也。……巵之爲物，酌於罇罍而時出之，中虛而無積也。」（《莊子注》）

王闓運曰：「巵同觶字，觶言，飲燕禮成，舉觶後可以語之時之言也。」（《莊子注》）

馬其昶曰：「《詩》云：『戲醻交錯，禮儀卒度，笑語卒獲』，古者旅酬之時，少長交錯，皆無算爵，〈鄉射禮〉云『於旅也語』，故曰巵言，義主盡歡，無次第，故曰和之以天倪，因之以曼衍矣。」（《莊子故》）

按馬氏意可從，巵即是酒器，日宴中交杯，無所拘之言也。巵言爲表達方式，非文體也，故呂氏以寓、重言皆巵言也。

二、文學之分類

《莊子・寓言篇》分述寓言、重言、巵言三類，故王夫之以爲〈寓言篇〉乃「內外雜篇之序例」（《莊子解》）。實此三分法，側重於其作用，而巵言亦不能與寓言重言並列，故今改依文學觀點分五類如左：

（一）神　話（Mythos）

神話者，敘述自然之歷程或宇宙起源。蓋宇宙洪荒，河嶽始造，洪水襄陵，火山噴射，或雲山縹渺，或風雨交疾，先民見之而不能解，於是冥想玄思，附會神靈以造故事。中國神話分見於《淮南子》、《列子》、《山海經》、《太平御覽》諸書，而以《莊子》爲古，《莊子》雖善於虛構，然其中人物之名，亦有所本，非出於想像也。〈逍遙遊篇〉曰：

> 藐姑射之山，有神人居焉，肌膚若冰雪，淖約若處子，不食五穀，
> 吸風飲露，乘雲氣，御飛龍，而遊乎四海之外。其神凝，使物不疵

癘，而年穀熟。吾是以狂而不信也。

氣勢飄逸，爲後世神仙家所依據。〈太宗師篇〉曰：

> 夫道，有情有信，无爲无形，可傳而不可受，可得而不可見，自本
> 自根，未有天地，自古以固存，神鬼神帝，生天生地；在太極之先，
> 而不爲高，在六極之下，而不爲深，先天地生，而不爲久，長於上
> 古，而不爲老。狶韋氏得之，以挈天地，伏戲氏得之，以襲氣母，
> 維斗得之，終古不忒；日月得之，終古不息，堪坏得之，以襲崑崙，
> 馮夷得之，以游大川，肩吾得之，以處大山，黃帝得之，以登雲天，
> 顓頊得之，以處玄宮，禺強得之，立乎北極，西王母得之，坐乎少
> 廣，莫知其始，莫知其終；彭祖得之，上及有虞，下及五伯；傅說
> 得之，以相武丁，奄有天下，乘東維，騎箕尾，而比於列星。

狶韋氏、伏戲氏、黃帝、顓頊，傳聞之帝王也。堪坏，崑崙山神、人面獸形
（司馬云）。馮夷，河伯也（司馬引）。肩吾，太山之神也（成疏）。禺強，北
海神也，人面鳥身，弭兩青蛇，踐兩赤蛇（司馬云）。王母，太陰之精也，豹
尾虎齒（成疏），《山海經》作狀如人，狗尾、蓬頭、戴勝、善嘯、居海水之
涯，《漢武內傳》以爲美容貌，神仙人也。彭祖，壽七百歲不死之仙人也（崔
云）。以上所注，自是未審，唯必神話人物無疑。其源或係中土及荊楚之舊聞，
入《莊子》之文學之掌中，虛構而成，用以說其形上本體之論，〈天地篇〉曰：

> 黃帝遊赤水之北，登乎崑崙之丘，而南望還歸，遺其玄珠，使知索
> 之而不得，使離朱索之而不得，使喫詬索之而不得也，乃使象罔得
> 之，黃帝曰：「異哉，象罔，乃可以得之乎。」

此以神話發其無心（象罔）之意也。（江紹源以爲象罔本作罔象，乃山川木石
精怪之名──見《中國古代旅行之研究》）。

（二）傳　說（Sagas）

傳說與神話易於相淆，殆神話重於神化，傳說偏於人化，前者全出子虛、
烏有，後者則有史跡有尋。〈天道篇〉曰：

> 孔子西藏書於周室，子路謀曰：「由聞周之徵藏史，有老聃者，免而
> 歸居，夫子欲藏書，則試往因焉」，孔子曰：「善」，往見老聃，老聃
> 不許，於是繙十二經以說。

此似史實而非史事，亦傳聞之辭也，孔子之事傳說甚多，如西遊於衛（〈天

運〉)，圍於陳蔡（〈山木篇〉）是也。〈田子方篇〉云：

> 文王觀於臧，見一丈夫釣，而其釣莫釣，非持其釣有釣者也，常釣
> 也。文王欲舉而授之政，而恐大臣父兄之弗安也，欲終而釋之，而
> 不忍百姓之无天也，於是旦而屬之大夫曰：「昔者寡人夢見良人，黑
> 色而頯，乘駁馬而偏朱蹄，號曰：『寓而政於臧丈人，庶幾乎民有瘳
> 乎！』諸大夫蹵然曰：「先君王也。」文王曰：「然則卜之。」諸大
> 夫曰：「先君之命，王其无它，又何卜焉。」遂迎臧丈人而授之政。
> 典法无更，偏令无出。三年，文王觀於國，則列士壞植散群，長官
> 者不成德，鈇斛不敢入於四竟。列士壞植散群，則尚同也；長官者
> 不成德，則同務也；鈇斛不敢入於四竟，則諸侯二心也。文王於是
> 焉以爲大師，北面而問曰：「政可以及天下乎？」臧丈人昧然而不應，
> 泛然而辭，朝令而夜遁，終身無聞。顏淵問於仲尼曰：「文王其猶未
> 邪？又何以夢爲乎？」仲尼曰：「默，汝无言！夫文王盡之也。而又
> 何論刺焉！彼直以循斯須也。」

按此亦傳說也。丈夫者，呂尙也。《史記・齊世家》曰：「呂尙蓋嘗窮困年老
矣，以魚干周西伯，西伯將出獵，卜之曰『所獲非龍非彲，非虎非羆，所獲
霸王之輔』，於是周西伯獵，果遇太公於渭之陽，與語，大說……戴與俱歸。
或曰……或曰……」司馬遷亦疑惑也。又〈讓王篇〉曰：

> 大王亶父居邠，狄人攻之，事之以皮帛而不受，事之以犬馬而不受，
> 事之以珠玉而不受，狄人之所求者，土地也。大王亶父曰：「與人之
> 兄居而殺其弟，與人之父居而殺其子，吾不忍也。子皆勉居矣！爲
> 吾臣與爲狄人臣，奚以異！且吾聞之，不以所用養害所養。」因杖
> 筴而去之，民相連而從之，遂成國於岐山之下。夫大王亶父，可謂
> 能尊生矣，能尊生者，雖貴富不以養傷身，雖貧賤不以利累形，今
> 世之人，居高官尊爵者，皆重失之，見利輕亡其身，豈不惑哉。

按《呂氏春秋・審爲篇》，《史記・周本紀》皆載此事，《莊》文意在排斥見利
亡身者而非虛構也明矣。

（三）小　說（Fiction）

小說一詞，始見《莊子・外物篇》：「飾小說以干縣令，其於大達亦遠矣。」
此謂小說乃瑣細之言，與《漢志・諸子略》序云：「街談巷語，道聽塗說」者名

同實異，而與今日小說之義，尤爲不同。吾人以《莊子》之非神話非傳說之故事屬之，蓋《莊子》學說中之寓言，多引有雛形之短篇小說。〈逍遙遊〉曰：

> 宋人有善爲不龜手之藥者，世世以洴澼絖爲事，客聞之，請買其方百金。聚族而謀曰：「我世世爲洴澼絖，不過數金；今一朝而鬻技百金，請與之。」客得之，以說吳王，越有難，吳王使之將，冬，與越人水戰，大敗越人，裂地而封之。能不龜手一也，或以封，或不免於洴澼絖，則所用之異也。

此以所用工拙之異爲主題，又〈達生篇〉曰：

> 魯有單豹者，巖居而水飲，不與民共利，行年七十，而猶有嬰兒之色，不幸遇餓虎，餓虎殺而食之。有張毅者，高門縣薄，无不走也，行年四十，而有内熱之病以死，豹養其内，而虎食其外，毅養其外，而病攻其内，此二子者，皆不鞭其後者也。

此言各偏一曲，未能折中之弊也。又〈山木篇〉曰：

> 陽子之宋，宿於逆旅，逆旅有妾二人，其一人美，其一人惡，惡者貴而美者賤，陽子問其故，逆旅小子對曰：「其美者自美，吾不知其美，其惡者自惡，吾不知其惡也」。

此謂謙沖爲美，驕盈爲惡也。〈列禦寇篇〉曰：

> 宋人有曹商者，爲宋王使秦，其往也，得車數乘，王說之，益車百乘。反於宋，見莊子曰：「夫處窮閭阨巷，困窘織屨，槁項黃馘者，商之所短也，一悟萬乘之主，而從車百乘者，商之所長也。」莊子曰：「秦王有病召醫，破癰潰痤者，得車一乘，舐痔者，得車五乘，所治愈下，得車愈多，子豈治其痔邪，何得車之多也，子行矣。」

此挖苦太過，近於諷刺小說之流矣。

（四）寓　言（Fable）

爲託生物以諷寓之寓言，非《莊子》之寓言也。《莊子》寓言十九，不必有寓諷也，今取其合於今日寓言之義者述之，〈山木篇〉曰：

> 莊周遊乎雕陵之樊，覩一異鵲，自南方來者，翼廣七尺，目大運寸，感周之顙而集於栗林，莊周曰：「此何鳥哉，翼殷不逝，目大不覩？」蹇裳躩步，執彈而留之。覩一蟬，方得美蔭，而忘其身，螳蜋執翳而搏之，見得而忘形，異鵲從而利之，見利而忘其眞，莊周怵然曰：

「噫！物固相累，二類相召也。」捐彈而反走，虞人逐而誶之。

此螳蜋捕蟬，異鵲在後之典故，在戒徇利忘身，不自見之患也。又〈則陽篇〉：

> 有國於蝸之左角者，曰觸氏，有國於蝸之右角者，曰蠻氏，時相與
> 地而戰，伏尸數萬，逐北，旬有五日而後反。

此雖爲寓言中之寓言，頗能極其想像之能事。

（五）論　說

論說乃莊書之主榦，義理之所附也。其文大半寄寓於寓言之答辭中，純論說之文蓋寡也，此或以天下沈濁，不可與莊語乎？〈齊物論篇〉曰：

> 物无非彼，物无非是，自彼則不見，自知則知之。故曰，彼出於是，
> 是亦因彼，彼是方生之說也，雖然，方生方死，方死方生；方可方
> 不可，方不可方可，因是因非，因非因是。是以聖人不由，而照之
> 於天，亦因是也。是亦彼也，彼亦是也，彼亦一是非。此亦一是非，
> 果且有彼是乎哉，果且无彼是乎哉？彼是莫得其偶，謂之道樞。樞
> 始得其環中，以應无窮。是亦一无窮，非亦一无窮也。故曰莫若以
> 明。以指喻指之非指，不若以非指喻指之非指也；以馬喻馬之非馬，
> 不若以非馬喻馬之非馬也，天地一指也，萬物一馬也。」

此謂是非生於主觀，文淺而費於辭，意暢而滯於繁，或莊生之手法也。〈胠
篋篇〉曰：

> 故曰：「魚不可脫於淵，國之利器不可以示人」。彼聖人者，天下之
> 利器也，非所以明天下也。故絕聖棄知，大盜乃止，擿玉毀珠，小
> 盜不起，焚符破璽⋯⋯法之所无用也

謹嚴整齊，辭麗韻美（上例亦有韻），雖非周筆，置於戰國策士之文中亦得如
上品，昔人每謂非莊周自作者，皆不堪入目，似亦泥於偏也。

第三節　寫作方法

一、體　性

《文心雕龍·體性篇》曰：「夫情動而言形，理發而文見，蓋沿隱以至顯，
因內而符外者也，然才有庸儁，氣有剛柔，學有淺深，習有雅鄭，並情性所
鑠，陶染所凝，是以筆區雲譎，文苑波詭者矣。」莊文以雄壯剛健爲特質，

即所謂陽剛之美。《曾國藩日記》曰：「陽剛之美，莫要於雄直怪麗四字。……雄曰劃然軒昂，盡棄故常，跌宕頓挫，捫之有芒。直曰黃河千里，其體仍直，山勢如龍，轉換無迹。怪曰奇趣橫生，人駭鬼眩，易玄山經，張韓互見，麗曰青春大澤，萬奔初葩，詩騷之韻，班揚之華。」雄直怪麗由陽剛而來，即莊文之特色也。

（一）剛　健

《文心雕龍・鎔裁篇》曰：「剛柔以立本，變通以趨時」，姚鼐〈復魯絜非書〉曰：「鼐聞天地之道，陰陽剛柔而已。文者，天地之精英，而陰陽剛柔之發也。……自諸子而降，其為文無弗有偏者，其得於陽與剛之美者，則其文如霆，如電，如長風之出谷，如崇山峻崖，如決大川，如奔騏驥，其光也，如暴日，如火如金鏐鐵，其於人也，如憑高視遠，如君而朝萬眾，如鼓萬勇士而戰之。」《曾國藩日記》：「陽剛者，氣勢浩瀚……噴薄而出之。」氣勢浩瀚，如狂浪決川，騏驥千里，斯莊文之寫照也。如〈逍遙遊〉〈齊物論〉〈胠篋〉〈秋水〉諸篇深得剛健雄渾之風，誠如曾國藩謂：「古今文家得陽剛之美，曰莊子」（《尺牘》）是也。《逍遙遊篇》曰：

> 湯之問棘也是已，窮髮之北，有冥海者，天池也。有魚焉，其廣數千里，未有知其修者，其名為鯤。有鳥焉，其名為鵬，背若太山，翼若垂天之雲，摶扶搖羊角而上者九萬里，絕雲氣，負青天，然後圖南，且適南冥也。斥鴳笑之曰：「彼且奚適也？我騰躍而上，不過數仞而下，翺翔蓬蒿之間，此亦飛之至也。而彼且奚適也。」此小大之辯也。

（二）誇　張

舖飾渲染，可增益藝術及實用之效果。《論衡・藝增篇》曰：「世俗所患，患言事增其實，著文垂辭，辭出溢其真，稱美過其善，進惡沒其罪。何則？俗人好奇，不奇，言不用也。」《莊子》多寓言，宜其誇張也，如〈逍遙遊篇〉：「鯤之大不知其幾千里也」，「鵬之背不知其幾千里也」「鵬之徒於南冥也，水擊三千里，摶扶搖而上者九萬里」，〈人間世篇〉「見櫟社樹，其大蔽數千牛，絜之百圍，其高臨山十仞而後有枝，其可以為舟者旁十數。」

（三）諧　謔

諧謔亦寓言之特色。莊文調侃諧謔，笑話迭出。《文心雕龍・諧隱篇》曰：

「諧之言皆也，辭淺會俗，皆悅笑也。著齊威酣樂，而淳于說甘酒，楚襄讌
集，而宋玉賦好色，意在微諷，有足觀者，及優旃之諷漆城，優孟之諫葬馬，
並譎飾說，抑止昏暴，是以子長編史，列傳滑稽，以其辭雖傾向，意歸義正
也。」故知諧謔意在微諷也。〈齊物論篇〉曰：「何謂朝三？曰狙公賦茅曰：『朝
三暮四。』眾狙皆怒，曰：『然則朝四而暮三。』眾狙皆悅。名實未虧，而喜
怒爲用，亦足是也。」

> 郢人堊慢其鼻端若蠅翼，使匠石斲之，匠石運斤成風，聽而斲之，
> 盡堊而鼻不傷，郢人立不失容。宋元君聞之，召匠石曰：「嘗試爲寡
> 人爲之」，匠石曰：『臣則嘗能斲之，雖然，臣之質死久矣。」（〈徐
> 无鬼篇〉）

他若有國於蝸角（〈則陽〉）、曹商舐痔（〈列禦寇〉），調謔誹諧。即所謂「諔
詭可觀」也。

（四）恢　奇

　　文有奇正，奇者務去陳言，不拘於法，詭變莫測，揚雄《法言・君子》
曰：「子長多愛，愛奇也。」自司馬遷以降，文人皆好奇，奇者難可駕馭，易
失之於僻澀。姚永樸《文學研究法》曰：「雖然此種文字雖極可喜，然非根本
深魄力厚，而以鷙悍之氣，噴薄之勢，恢詭之趣，崛強之筆，濃郁之辭，鏗
鏘之調行之，必不能窺其奧窔。」故此正爲莊生所長也。〈齊物論〉曰：

> 南郭子綦，隱机而坐，仰天而噓，苔焉似喪其耦。顏成子游立侍乎
> 前，曰：「何居乎？形固可使如槁木，而心固可使如死灰乎？今之隱
> 机者，非昔之隱机者也。」子綦曰：「偃，不亦善乎，而問之也。今
> 者吾喪我，汝知之乎？女聞人籟，而未聞地籟，女聞地籟，而未聞
> 天籟夫！」子游曰：「敢問其方。」子綦曰：「夫大塊噫氣，其名爲
> 風。是唯无作，作則萬竅怒呺，而獨不聞之翏翏乎？山林之畏佳，
> 大木百圍之竅穴，似鼻，似口，似耳，似枅，似圈，似臼，似洼者，
> 似污者；激者，謞者，叱者，吸者，叫者，譹者，宎者，咬者，前
> 者唱于而隨者唱喁。泠風則小和，飄風則大和，厲風濟，則眾竅爲
> 虛，而獨不見之調調之刀刀乎？」子游曰：「地籟則眾竅是已，人籟
> 則比竹是已。敢問天籟。」子綦曰：「夫吹萬不同，而使其自己也，
> 咸其自取，怒者其誰邪。」

（五）華　麗

　　純文學之所以爲美，有賴辭藻之綺麗。莊生運辭志不在美，然行筆間，麗句不由生焉。劉大魁《論文偶記》曰：「華正與樸相表裏，以其華美故可貴，所惡於華者，恐其近俗耳，所取於樸者，謂其不著脂粉耳，昔人謂不著脂粉而清眞，刻削者，梅聖俞之詩也，不著脂粉而精彩濃麗，自《左傳》，《莊子》，《史記》而外，其妙不傳。」夫不著脂粉而刻削者易，不著粉脂粉濃麗者難，莊文之所以美於諸子者蓋此也。唯雖不著脂粉，非不修辭也。

二、技　巧

（一）對　仗

　　《莊子》內外雜篇皆有對仗，而以外雜篇尤甚，蓋晚期之作使然。莊子好比物舉例，故字行裏，時有對句。〈逍遙遊〉曰：「小知不及大知，小年不及大年，奚以知其然也，朝菌不知晦朔，蟪蛄不知春秋，此小年也。楚之南，有冥靈者，以五百歲爲春，五百歲爲秋，上古有大椿者，以八千歲爲春，八千歲爲秋。」此微有琢飾，尚見痕跡。〈齊物論〉曰：「物无非彼。物无非是，自彼則不見，自知則知之，故曰彼出於是，是亦因彼，彼是方生之說也，雖然，方生方死，方死方生，方可方不可，方不可方可，因是因非，因非因是……」以相反事物，反覆陳理，雖對仗，不覺其對仗，所謂羚羊掛角，無跡可尋也。外雜篇對句多四言，用字尤爲華美。

（二）變　化

　　《莊子》修辭甚工，自然而飄逸。〈逍遙篇〉曰：「今子有大樹，患其无用，何不樹之於无何有之鄉，廣莫之野，彷徨乎無爲其側，逍遙乎寢臥其下。」成疏：「彷徨，縱任之名，逍遙自得之稱，亦是異言一致，互其文耳。」按「无何有」寬曠無人也。與「廣莫」皆附加詞，亦是互其文也。〈山木篇〉：「吾再逐於魯，伐樹於宋，削迹於衛，窮於商周，圍於陳蔡之間。」此皆阨窮之事，措辭盡求其變，商即宋也，蓋爲與陳蔡對仗，而避免與伐樹於宋重文也。〈齊物論篇〉曰：「今者吾喪我。」〈秋水篇〉：「今予動吾天機而不知其所以然。」此指稱詞之變化也。〈徐无鬼篇〉曰：「孫叔敖甘寢秉羽而郢人投兵。」，〈列禦寇篇〉：「爲外刑者金與木也。」郢以代楚，金以代斧鉞，木以代桎梏。此是借代之變化也。

（三）雙　關

〈山木篇〉：「市南宜僚見魯侯，魯侯有憂色，市南子曰：『君有憂色，何也？』魯侯曰：『吾學先王之道，修先君之業，吾敬鬼尊賢，親而行之，无須臾離居；然不免於患，吾是以憂。』市南子曰：『君之除患之術淺矣，夫豐狐文豹，棲於山林，伏於巖穴，靜也；夜行晝居，戒也，雖飢渴隱約，猶且胥疏於江湖之上，而求食焉，定也；然且不免於罔羅機辟之患，是何罪之有哉，其皮爲之災也。今魯國獨非君之皮邪，吾願君刳形去皮，洒心去欲，而遊於无人之野。』」按「魯國獨非君之皮邪？吾願君刳形去皮」此義之雙關也。

（四）複　疊

複疊分複聲與疊字，複疊爲莊子最特出之表現，陳騤《文則》卷上曰：「文有交錯之體，若糾纏然，主在析理，理盡後已。」〈齊物論〉曰：「有始也者，有未始有始也者，有未始有夫未始有始也者，有有也者，有无也者，有未始有无也者，有未始有夫未始有无也者。」疊字莊文鮮有，然特點有二，一作爲抽象概念之形容詞，如〈齊物論篇〉：「大知閑閑，小知閒閒；大言炎炎，小言詹詹。」一爲謂語形式之詞結，上疊字爲動詞。如〈在宥篇〉曰：「物而不物，故能物物，明乎物物者之非物也。」〈知北遊篇〉曰：「物物者非物」是也。

（五）虛　字

莊子善用虛字，以暢其氣，《文心雕龍‧章句篇》曰：「巧者廻運，彌縫文體，將令數句之外，得一字之助矣。」孫德謙《六朝麗指》曰：「作駢文而全用排偶，文氣易致窒塞，即對句之中，亦當少加虛字，使之動宕。」陳鱣《莊簡集》曰：「實字其形體，而虛字其性情也。」〈齊物論〉篇曰：「可乎可，不可乎不可，道行之而成，物謂之而然，惡乎然？然於然。惡乎不然？不然於不然……。」〈至樂篇〉曰：「天下有至樂无有哉？有可以活身者无有哉？今奚爲奚據？奚避奚處？奚就奚去？奚樂奚惡？」虛字之廣用，問句亦復多矣。故莊子善用問句。

（六）押　韻

《莊子》三十三篇，幾無篇不見用韻之跡（江有誥《先秦韻讀》遺漏甚多），或自然成韻，或長篇押韻。大抵有韻之句多四言，或字數整齊。一章之中或隔句押韻，或每句押韻，或不規則押韻，或一韻到底，或換韻，頗爲工

整。由此可見《莊子》諸篇之成。必經文人之潤飾，而外雜篇尤重雕鏤。若〈則陽篇〉「大公調曰」一段押五十字許，疑是戰國以後之作品，今舉內篇〈養生主〉說明之：

「爲善无近名（段十一部）爲惡無近刑（十一部）緣督以爲經（十一部）可以保身（十二部），可以全生（十一部）可以養親（十二部）可以盡年（十二部）」按段玉裁十一部即江有誥耕部，十二部即眞部，耕眞通韻。（劉節《洪範疏證》謂戰國時耕眞韻多相協）

三、描　寫

林雲銘《莊子因・雜說》：「莊子似個絕不近情的人，任他賢聖帝王矢口便罵，眼大如許；又似個最近情的人，世間里巷家室之常，工技屠宰之末，離合悲歡之態，筆寫出心細如許。」

（一）人物描寫

寓言十九，故擬人特多，凡一切事物意念等具體或抽象者，皆可成爲人物。今引其姿態之描寫如下，〈齊物論篇〉曰：「毛嬙麗姬，人之所美也；魚見之深入，鳥見之高飛，麋鹿見之決驟。」〈人間世篇〉曰：「支離疏者，頤隱於臍，肩高於頂，會撮指天，五管在上，兩髀爲脅。挫鍼治繲，足以餬口，鼓筴播精，足以食十人。」見其悲離之情者，〈大宗師〉曰：「子來有病，喘喘然將死，其妻子環而泣之。子犁往問之，曰：『叱！避！无怛化！』倚其戶與之語曰：『偉哉造化！又將奚以汝爲，將奚以汝適？以汝爲鼠肝乎？以汝爲蟲臂乎？』」其寫窮困之景者，〈讓王篇〉曰：「曾子居衛，縕袍无表，顏色腫噲，手足胼胝，三日不舉火，十年不製衣，正冠而纓絕，捉衿而肘見，納屨而踵決，曳縰而歌《商頌》，聲滿天地，若出金石。」

（二）自然描寫

自然之描寫有待銳利之感受，及充沛之辭藻。〈齊物論〉寫風曰：「夫大塊噫氣，其名爲風，是唯无作，作則萬竅怒呺，而獨不聞之翏翏乎，山林之畏佳，大木百圍之竅穴，似鼻，似口，似耳，似枅，似圈，似臼，似洼者，似污者，激者，謞者，叱者，吸者，叫者，譹者，宎者，咬者，前者唱于而隨者唱喁，泠風則小和，飄風則大和，厲風濟則眾竅爲虛，而獨不見之調調之刀刀乎。」〈刻意篇〉寫水曰：「水之性，不雜則清，莫動則平；鬱閉而不

流，亦不能清，天德之象也。」〈讓王篇〉寫室曰：「原憲居魯，環堵之室，茨以生草，蓬戶不完，桑以爲樞，而甕牖二室，褐以爲塞，上漏下溼，匡坐而弦。」此皆後世咏物之作之所本也。

（三）生物描寫

寓言多刻鏤生物動態。〈逍遙遊篇〉寫鵬曰：「鵬之背，不知其幾千里也，怒而飛，其翼若垂天之雲。是鳥也，海運則將徒於南冥……水擊三千里，搏扶搖而上者九萬里，去以六月息者也……絕雲氣，負青天，然後圖南，且適南冥也。」寫樹，〈逍遙遊〉篇曰：「其大本擁腫而不中繩墨，其小枝卷曲而不中規矩，立之塗，匠者不顧。」〈人間世篇〉曰：「其大蔽數千牛，絜之百圍，其高臨山十仞而後有枝，其可以爲舟者旁十數，觀者如市，匠伯不顧，遂行不輟。」又曰：「結駟千乘，隱將芘其所藾。子綦曰：『此何木也哉？此必有異材夫！』仰而視其細枝，則拳曲而不可以爲棟梁，俯而視其大根，則軸解而不可以爲棺槨，咶其葉，則口爛而爲傷，嗅之，則使人狂酲，三日而不已。」寫狸狌，〈逍遙遊篇〉曰：「卑身而伏，以候敖者，東西跳梁，不辟高下，中於機辟，死於罔罟。」寫澤雉，〈養生主篇〉曰：「十步一啄，百步一飲，不蘄畜乎樊中。」寫魚，〈大宗師篇〉曰：「泉涸，魚相與處於陸，相呴以濕，相濡以沫，不如相忘於江湖。」寫馬，〈馬蹄篇〉曰：「陸居則食草飲水，喜則交頸相靡，怒則分背相踶。馬知已此矣，夫加之以衡扼，齊之以月題，而馬知介倪闉扼鷙曼詭銜竊轡，故馬之知而態至盜者，伯樂之罪也。」寫埳井之鼃，〈秋水篇〉曰：「吾樂與！出跳梁乎井幹之上，入休乎缺甃之崖，赴水則接腋持頤，蹶泥則沒足滅跗；還虷蟹與科斗，莫吾能若也。且夫擅一壑之水，而跨跱埳井之樂，此亦至矣。」寫鵷鶵，〈秋水篇〉曰：「發於南海而飛於北海，非梧桐不止，非練實不食，非醴泉不飲。」

重要參考書目

按論文引證已明出處，故從略

一、經　部
1. 《尚書》。
2. 《左傳》。
3. 《毛詩》。
4. 《韓詩外傳》，韓嬰。
5. 《春秋繁露》，董仲舒。
6. 《先秦韻讀》，江有誥。

二、史　部
1. 《國策》。
2. 《史記》，司馬遷。
3. 《漢書》，班固。
4. 《晉書》，房喬等。
5. 《隋書》，魏徵等。
6. 《通志》，鄭樵。
7. 《資治通鑑》，司馬光。
8. 《戰國紀年》，林春溥。
9. 《戰國策釋地》，張琦。
10. 《水經注》，酈道元。
11. 《先秦史》，呂思勉。
12. 《中國哲學史大綱》，胡適。

13. 《中國哲學史概論》，渡邊秀方。
14. 《中國哲學史》，馮友蘭。
15. 《中國學術思想大綱》，林景伊。
16. 《崇文總目》，王堯臣。
17. 《文獻通考經籍考》，馬端臨。
18. 《四庫全書總目提要》，紀昀。
19. 《增訂四庫簡明目錄標注》，邵懿辰。
20. 《古書眞僞及其年代》，梁啓超。
21. 《僞書通考》，張心徵。
22. 《中國目錄學史》，姚名達。
23. 《校讎學史》，蔣元卿。
24. 《僞書考五種》，張西堂輯。
25. 〈陸德明莊子音義引書考略〉（《大陸雜誌》），嚴靈峰。
26. 《叢書總目類編》。
27. 《叢書子目類編》。
28. 《老列莊三子知見書目》，嚴靈峰。

三、子 部

甲、諸 子

1. 《老子》。
2. 《荀子》，荀況。
3. 《呂氏春秋》，呂不韋。
4. 《淮南子》，劉安。
5. 《列子》。
6. 《世說新語》，劉義慶。
7. 《子略》，高似孫。
8. 《困學紀聞》，王應麟。
9. 《黃氏日鈔》，黃震。
10. 《癸巳存稿》，俞正燮。
11. 《諸子考釋》，梁啓超。
12. 《公孫龍子形名發微》，譚作民。
13. 《經子解題》，呂思勉。

14. 《先秦諸子繫年考辨》，錢穆。

15. 《諸子通考》，蔣伯潛。

16. 《諸子考索》，羅根澤。

17. 《道家四子新編》，嚴靈峰。

18. 《存在主義》，陳鼓應輯。

乙、莊　子

19. 《莊子郭象注》，1.《續古逸叢書本》2.《四部叢刊本》。

20. 《莊子音義》，陸德明。

21. 《莊子翼》，焦竑。

22. 《莊子解》，王夫之。

23. 《莊子因》，林雲銘。

24. 《莊子平議》，俞樾。

25. 《莊子集釋》，郭慶藩著，王孝魚整理。

26. 《莊子集解》，王先謙。

27. 《莊子詮詁》，胡遠睿。

28. 《莊子選注》，沈德鴻。

29. 《莊子天下篇疏記》，錢基博。

30. 《莊子義證》，馬敍倫。

31. 《莊子學案》，郎擎霄。

32. 《老莊哲學》，胡哲敷。

33. 《莊子哲學》，蔣錫昌。

34. 《莊子研究》，葉國慶。

35. 《莊子校釋》，王叔岷。

36. 《老莊哲學》，吳康。

37. 《莊子纂箋》，錢穆。

38. 《莊老通辨》，錢穆。

39. 《莊子衍義》，吳康。

40. 《莊子哲學》，陳鼓應。

41. 《老莊研究》，嚴靈峰。

四、集　部

1. 《楚辭》。

2. 《文選》，蕭統，李善注。

3. 《文心雕龍》，劉勰。

4. 《文學研究法》，姚永樸。

5. 《中國修辭學》，楊樹達。

6. 《修辭學發凡》，陳望道。

7. 《文藝心理學》，朱光潛。

8. 《中國文學發展史》，劉大杰。

9. 《讀騷論微初集》，游國恩。

10. 《周秦兩漢文學批評史》，羅根澤。

附錄一：莊子內篇思想體系之研究

莊萬壽

一、內篇篇目及特質

（一）篇　目

莊子最初爲漢書藝文志諸子略所載五十二篇，晉時尚行五十二篇者，有二本：一爲司馬彪注，一爲孟氏注。

唐陸德明經典釋文敘錄所載除上二家外，其時又有崔譔二十七篇注本、向秀二十六篇注本（或二十七篇或二十八篇）及郭象三十三篇注本。

今所存而通行者，僅郭象注本，凡內篇七、外篇十五、雜篇十一。

漢志之後，各家注本之篇目均不敷原數，知概爲佚散或刪合故，且所列外、雜篇目，各家鑿枘，章句互易，均爲後人所抄綴纂補者，惟內篇七篇相同，其目爲；逍遙遊、齊物論、養生主、人間世、德充符、大宗師、應帝王。

內、外，雜篇之分、多人以爲非出莊子。

蘇軾莊子祠堂記云：「分章名篇出於世俗，非莊子本意」

馬其昶莊子故序云：「分篇次第，果出自莊子與否，殆不可考。」

竊以爲是，蓋莊子之說，其本人斷無內外雜之分，而今行莊子，外雜篇定非出莊周，而係後學莊所著。然內篇則或親出己手，而後學纂補；或後學記莊子之意，而後莊子潤色之，亦未可知，不然內篇渾然一氣，誠難爲之。

近人唐蘭，主內外雜篇之分，起於劉向，然迄無定論；若是，則外雜諸篇之補作，始於戰國末，成於漢初，至劉向摭拾而分之內外，而晉時老莊興盛，注家大起，屢有增刪，並於眞僞或義理，以己意撮取（諸本內外雜之分

不類，而篇數亦異），久而莫辨其原；然於內篇，咸認最近莊子本眞，存而弗易。故內篇尙保最原始之初文。

有以爲大宗師非原文（若唐蘭），或以爲人間世爲僞作（若葉國慶），然就文勢而論，綿密而宏壯，或微有訛漏，可能係歷代謄誤錯簡，或少數字句爲後人所剽竄，斷不可因小而遺大，斯二篇者，誠可信者多，可疑者寡。

（二）特　質

內篇爲莊子之精英，是否親手所出，均不足影響其不朽之瓌瑋。此七篇爲莊學之綱維，外雜篇僅揚其宗旨之言耳。

唐成玄英（西華法師）云：「內篇理深，故每於文外，別立篇目。」（莊子疏）

明釋德清（憨山大師）云：「只內七篇，已盡其意，其外篇皆蔓衍之說耳。」（莊子內篇註）

茲就內篇之思想與體裁述之，即可見異於外、雜篇之一斑。

莊子寓言：「寓言十九」，內篇諸篇誠喻多論少，喻論盤根，而能接其端；逐篇申義，而能貫其緒。外篇則時踳駁而不續，或引喻而矛盾。

內篇之名，咸揭櫫本篇之精義，外篇以去，則取篇首之字爲題。內篇訾孔，詞尙含蓄，外雜篇則近謾罵。外雜篇有引道德經文，內篇則無。由此觀之，內篇與外雜篇判然有別矣。

二、各篇之精義

老子與莊子同爲道家之宗，然莊子之說，却非源於老子。其獨立言道，喻論賅備，迴異於老子（按甚多學者以爲老子非道德經作者，或老子非一人；且道德經在莊子之後，若汪中、梁啓超、顧詰剛、馮友蘭、錢穆是）。然老子（按必有一老子在莊周之前）有否影響莊子，不能謂無。史記謂莊子曰：「其學無所不窺，然其要本歸老子之言」知莊子博學才溢，能深闡宏旨，並旁稽羣說以立其言，而獨以老子爲甚。

後人以老莊並列（按史記以老莊同傳，六朝以老莊並稱），誠其思想圓渾，鮮能分矣。自然之玄學，老聃開其風，莊周光其統；則道家思想之所以影響吾國二千年尙弗衰者，蓋有以也。

莊子以自然無爲爲本，無罣於物，無礙於心，逍遙自由而物類平等，是

非玄同，小大無別。上與造物者游，下與萬物者友。順自然而處，師天道而妥。然後生乎生死之外，終乎無終之間。

內篇即闡發厥旨，篇篇圓到，字字珠璣，上下聯貫，左右逢源。寓言雖多，而益增其自然之趣；議論雖少，而不失其無為之義。茲依篇而論之：

（一）逍遙遊

精義：萬物逍遙

系統：物性自足──逍遙自由

逍遙遊列為內篇之首，開宗明義，莊子思想昭昭可見也。

逍遙遊言無拘於物，逍遙自在，若北冥之鯤，化為鵬，徙於南冥，水擊三千里，摶扶搖而上九萬里，何其自由逍遙之至也。

黑格爾（G. W. F. Hegel）言物類之生，咸有其理。是以物各有性，其性皆因自然之理而生，若不能適自然之理，則性無以起；性無以起，則物無以生。故凡既生之物，均能適理而使其性自足。其適理之道，在物性自足，逍遙自由，而無所不適也。此深合現代適應之理。（適應詳齊物論）

「蜩與學鳩笑之曰：『我決起而飛，搶榆枋，時則不至而控於地而已矣，奚以之九萬里而南為？』

「朝菌不知晦朔，蟪蛄不知春秋。」

此固為「小知不及大知，小年不及大年」（成玄英疏：物受氣不同，稟分各異……故知物性不同，不可強相希效也）然小知之蜩有所適，小年之朝菌亦有所適。譬若：

> 適莽蒼者，三湌而反，腹猶果然；適百里者，宿舂糧；適百里者，
> 三月聚糧。

適莽蒼者，適百里者，適千里者均各有所適。

至若樗木雖於人無用，然於其身亦有所用。蓋以絕對觀之，萬物無所偏私而為用也。

「其大本擁腫而不中繩墨，其小枝卷曲而不中規矩，立之塗，匠者不顧。」

「何不樹之於無何有之鄉，廣莫之野？彷徨乎無為其側，逍遙乎寢臥其下，不夭斤斧；物無害者，無所可用，安所困苦哉！」

此徜徉逍遙於無何有之鄉，廣莫之野，而免於困苦，以其性自足之故也。

能逍遙物外，則「至人無己，神人無功，聖人無名。」若堯讓天下於許

由事。

「許由曰：『子治天下，天下既已治也，而我猶代子，吾將爲名乎？名者，實之賓也，吾將爲實乎？鷦鷯巢於深林，不過一枝，偃鼠飲水，不過滿腹。歸休乎君，予無所用天下爲，疱人雖不治疱，尸祝不越樽俎而代之矣。』

按成疏：「至，言其體；神，言其用；聖，言其名。故就休語至，就用語神，就名語聖，其實一也。」是也。蓋許由無己念、無欲功、而忘求名，亦所以逍遙者也。

（二）齊物論

精義：萬物齊一

系統：實體不知——道原於一——物我一同——是非泯滅——空時無別

逍遙、齊物為內篇之環樞。逍遙發物性自由之理，齊物則明物體平等之義：同為莊學之瓊玖，而齊物引論抽絲剝繭，頗能揭形上知識之原。

宇宙萬物不可究竟。

「有始也者，有未始有始也者，有未始有夫未始有始也者；有有也者，有無也者，有未始有無也者，有未始有夫未始有無也者，俄而有無矣，而未知有無之果孰有孰無也。」

郭象注：「有始則有終，謂無終始而一死生。夫一之者，未若不一而自齊，斯又忘其一也。有有則美惡是非具也，有無而未知無無也，則是非好惡，猶未離懷。知無無矣，而猶未能無知，此都忘其知也，爾乃俄然始了無耳，了無則天地萬物，彼我是非，豁然確斯也。」

形上學言，有無乃感官知覺之現象，而實體誠未知孰有孰無也。郭注豁然可明齊物之所以然也。蓋萬物非有非無，若有有，無則生；有無，有則生。有無相生。難易、長短、高下之所以成。是以有有無，天下不齊矣；無有無，天下自齊矣。故又曰：

六合之外，聖人存而不論；六合之內，聖人論而不議。

六合之外、言宇宙原理，渾然而不可言；六合之內，言社會物理，茫乎而不可評。意稱宇宙天下不可知也。

而萬物比持，皆源於一，一乃道也。

「可乎可，不可乎不可，道行之而成，物謂之而然。惡乎然？然於然，

惡乎不然？不然於不然；物固有所然，物固有所可，無物不然，無物不可。故爲是舉莛與楹，厲與西施，恢恑憰怪，道通爲一。其分也，成也，其成也，毀也，凡物無成與毀，復通爲一。唯達者知通爲一，爲是不用而寓諸庸，庸也者，用也；用也者，通也；通也者，得也，適得而幾矣。因是已，已而不知其然，謂之道。」

言物之理，可可，可不可；可然，可不然。且咸對比而生，其歸均通於一，一原道，道生一，一而後有物，周行而不殆。蓋萬物不可喻不可知，僅知原於一也。

將故物無不同，對比無有，而能融物忘我，如南郭子綦之「喪其耦」，並能物我平衡，各得其所。

「是以聖人和之以是非，而休乎天鈞，是之謂兩行。古之人其知有所至矣，惡乎至？有以爲未始有物者，至矣，盡矣，不可以加矣！其次以爲有物矣，而未始有封也；其次以爲有封焉，而未始有是非也，是非之彰也，道之所以虧也。道之所以虧，愛之所以成。果且有成與虧乎哉？」

所謂天鈞，成疏：「自然均平之理也，夫達道聖人虛懷不執，故能和是於無是，同非於無非，所以息智乎均平之鄉，休心乎自然之境也。」此亦爲兩行之所由也。

物類既同，是非自泯。

「道惡乎隱而有眞僞？言惡乎隱而有是非？道惡乎往而不存？言惡乎存而不可？道隱於小成，言隱於榮華，故有儒墨之是非，以是其所非，而非其所是。欲是其所非，而非其所是，則莫若以明。物無非彼，物無非是，目彼則不見，自知則知之。故曰：『彼出於是，是亦因彼，彼是方生之說也。』雖然，方生方死，方死方生；方可方不可，方不可方可。因是因非，因非因是。是以聖人不由，而照之以天，亦因是也。是亦彼也，彼亦是也，彼亦一是非，此亦一是非，果且有彼是乎哉？果且無彼是乎哉？彼是莫得其偶，謂之道樞，樞始得其環中，以應無窮，是亦一無窮，非亦一無窮也，故曰：『莫若以明』。以指喻指之非指，不若以非指喻指之非指也，以馬喻馬之非馬，不若以非馬喻馬之非馬也。天地一指也，萬物一馬也。」

蓋是非相因，有非，斯有是；有是，斯有非，非物眞有所是非也。若儒墨之拘於是非，莊子以道觀之，則何其斗筲哉。莊子欲以樞始得其中，以應無窮，則天下是非爭紛自息矣。（按亦有逍遙之意）

知與不知，泯然無別，且不可究。

「齧缺問乎王倪曰：『子知物之所同是乎？』曰：『吾惡乎知之？』『子知子之所不知邪？』曰：『吾惡乎知之？』『然則物無知邪？』曰『吾惡乎知云？雖然，嘗試言之，庸詎知吾所謂知之，非不知邪？庸詎知吾所謂不知之，非知邪？且吾嘗試問乎女，民溼寢則腰疾偏死，鰌然乎哉？木處惴慄恂懼，猨猴然乎哉？三者孰知正處？民食芻豢，麋鹿食薦，蝍蛆甘帶，鴟鴉耆鼠，四者孰知正味？猨猵狙以為雌，麋與鹿交，鰌與魚游。毛嬙麗姬，人之所美也，魚見之深入，鳥見之高飛，麋鹿見之決驟，四者，孰知天下之正色哉？自我觀之，仁義之端，是非之塗，樊然殽亂，吾惡能知其辯？』」

言物各有性，其性異而所見亦非，而天下之大，眾生之繁，豈可知耶？故正處，正色，惡能知其辯？

莊子之道，可視為自然之法則，然於其主宰，則存而不論，蓋物類既主賓不分，各得其所，何言其主歟？故知其崇自然，法天地之論，若西方哲學之存疑論者，（Agnostic 一日不可知論）與夫以神以天（如墨子）為軌之哲學思想有別也。

胡適《中國哲學史》頗病莊子未明適合（Adaptation to Environment）之緣故（若正處正味之不能窮其原），然竊以為既屬存疑，何庸明之。胡氏又分適志為被動（即天然之偶合）與自動（即自己努力變化），而莊子有被動適應而無自動適應。按物種不能適應自然，便為自然淘汰（Natural Selection）。然物種之於天擇，係物性與環境相因相成；有此物適於此境，有此物適於彼境，若某物遇其適宜之環境，則愈能進化與適應。則主要因素乃物性與環境（即被動，亦自然因素），而非努力（即自動），故自動之適應乃於適者生存（Survivial ot fittest）後之表現；有此表現後，則適者彌進化；彌進化，彌適應，於是始有人類之脫穎出也。因知自動適應，為被動適應之枝節（被動自動之名姑依胡氏），於物種適應之理，未足重視。矧莊生以自然為本，無為為趨。蜩之於鳩，毛嬙之於麋鹿，已足達理，淹貫涵義。何贅言所謂自動適應哉！

物原於一，彼此之對，以此因彼而生，彼因此而立，故能破空（間）時（間）生死之別，而延以無窮。

「化聲之相待，若其不相待，和之以天倪，因之以曼衍，所以窮年也。何謂和之以天倪？曰：『是不是，然不然，是若果是也，則是之，異乎不是也，亦無辯。然若果然也。則然之，異乎不然也，亦無辯。忘年忘義，振於無竟，

故寓諸無竟。』」

（三）養生主

精義：自然順性

系統：自然順性——養生盡年

養生主乃言順自然之性，可不滯於物。

「爲善無近名，爲惡無近刑，緣督以爲經，可以保身，可以全生，可以養親，可以盡年。」

成疏：「夫惟妙捨二偏，而處於中一者，故能保守身形，全其生道。外可以孝養父母，大順人倫，內可以攝衞生靈，盡其天命。」

二偏，言善惡也。成疏頗兼儒道之妙。（按成爲唐道士）

庖丁解牛則爲本篇之旨，

「庖丁釋刀對曰：『臣之所好者，道也，進乎技矣。始臣之解牛之時，所見無非牛者，三年之後，未嘗見全牛也。方今之時，臣以神遇，而不以目視，官知止而神欲行，依乎天理，批大郤，導大窾，因其固然，技經肯綮之未嘗，而況大軱乎？良庖歲更刀，割也，族庖月更刀，折也。今臣之刀十九年矣，所解數千牛矣，而刀刃若新發於硎。彼節者有間，而刀刃者無厚，以無厚入有間，恢恢乎其於遊刃，必有餘地矣！是以十九年，而刀刃若新發於硎。雖然，每至於族，吾見其難爲，怵然爲戒，視爲止，行爲遲，動刀甚微，謋然已解，如土委地。提刀而立，爲之四顧，爲之躊躇滿志，善刀而藏之。』」

庖丁之解牛，乘其閒而遊刃有餘，喻立世若順道，則外物雖雜，仍不損己性。

（四）人間世

精義：隱行保身

系統：隱行藏能——保身養真

人間世由七事組成（另一小段爲山木自寇），雖無直論，然均藉他人之口而間論之。七事所言：隱行藏能，保身養眞者，皆莊子之意也。

『瞻彼闋者，虛室生白，吉祥止止，夫且不止，是之謂坐馳。夫徇耳目內通，而外於心知，鬼神將來舍，而況人乎？是萬物之化也，禹舜之所紐也，伏羲几蘧之所行終，而況散焉者乎？

言心物虛空,可應諸變也。

「夫乘物以遊心,託不得已以養中,至矣!」

郭注:「任理之必然者,中庸之符全矣,斯接物之至者也。」

「匠石歸,櫟社見夢曰:『女將惡乎比予哉?若將比予於文木邪?夫柤梨橘柚果蓏之屬,實熟則剝,剝則辱,大枝折,小枝泄,此以其能苦其生者也,故不終其天年,而中道夭,自掊擊於世俗者也。物莫不若是,且予求無所可用,久矣,幾死,乃今得之,為予大用。使予也而有用,且得有此大也邪?且也,若與予也,皆物也,奈何哉!其相物也,而幾死之,散人又惡知散木?』」

無為無能,於人無用:然能得其天年者,以無用之用也。若與予,皆物也,用與無用,並無定論。

「山木自寇也,膏火自煎也。桂可食,故伐之,漆可用,故割之。人皆知有用之用,而莫知無用之用也。」此段可視為人間世之結語。

(五)德充符

精義:德充忘形

系統:順乎自然──德充於內──應物於外──摒忘形骸──樂天益生

德充符以順自然之道,使德充於內,而能忘形樂天為本。

郭注:「德充於內,應物於外,外內玄合,信若符命,而遺其形骸也。」

自然之道,莊子以為:

吾所謂無情者,言人之不以好惡內傷其身,常因自然而不益生也。

內心之性為靈府;不擾靈府,德即充於內。

「死生存亡,窮達貧富,賢與不肖毀譽,饑渴寒暑,是事之變,命之行也。日夜相代乎前,而知不能規乎其始者也,故不足以滑和,不可入於靈府。使之和豫通而不失於兌,使日夜無郤,而與物為春,是接而生時於心者也,是之謂才全。」

德充於內,則物類無別,自能忘形。

「自其異者視之,肝膽楚越也,自其同者視之,萬物皆一也。夫若然者,且不知耳目之所宜,而游心於德之和。物視其所一,而不見其所喪,視喪其足,猶遺土也。」

「申徒嘉曰:『吾與夫子遊十九年矣,而未嘗知吾兀者也。』」

「闉跂支離无脤，說衛靈公，靈公說之，而視全人，其脰肩肩。甕瓷大癭，說齊桓公，桓公說之，而視全人，其脰肩肩。」

王駘、申徒嘉、叔山無趾，闉跂支離无脤者，均能忘其殘缺之形。

忘形之境界，天地萬物盡存方寸之中。

「既受食於天，又惡用人？有人之形，無人之情。有人之形，故羣於人；無人之情，故是非不得於身，眇乎小哉！所以屬於人也，謷乎大哉，獨成其天。」

「官天地，府萬物，直寓六骸，象耳目，一知之所知，而心未嘗死者乎？彼且擇日而登假，人則從是也，彼且何肯以物爲事乎？」

（六）大宗師

精義：順道安命

系統：道存萬物──師法天道──安命樂道言法天道，道可以爲師，進而爲治世之圭臬。

道之存在，涉及宇宙本體之論。

「夫道有情有信，無爲無形，可傳而不可受，可得而不可見。自本自根，未有天地，自古以固存。神鬼神帝，生天生地，在太極之先而不爲高，在六極之下而不爲深，先天地生而不爲久，長於上古而不爲老。」郭註：「有無情之情，故無爲也，有無常之信，故無形也。古今傳而宅之，莫能受而有之。咸得自容，而莫見其狀，明無不待有而無也。無也，豈能生神哉？不神鬼而鬼神自神，斯乃不神之神也。不生天地而天地自生，斯乃不生之生也。故夫神之果不足以神而不神，則神矣。功何足有？事何足恃哉？言道之無所不在也，故在高爲無高，在深爲無深，在久爲無久，在老爲無老，無所不在，而所在皆無也。且上下無不格者，不得以高卑稱也；內外無不至者，不得以表裡名也；與化俱移者，不得言久也；終始常無者，不可謂老也。」

郭註也明矣。此道永恒，而無所不存，乃宇宙萬物之理也。爲道之序爲：

> 以聖人之道，告聖人之才，亦易矣，吾猶守而告之，參日而後能外
> 天下，已外天下矣，吾又守之七日，而後能外物。已外物矣，吾又
> 守九日，而後能外生。已外生矣，而後能朝徹，朝徹而後能見獨，
> 見獨而後能無古今，無古今而後能入於不死不生。殺生者不死，生
> 生者不生，爲物無不將也，無不迎也，無不毀也，無不成也，其名

爲攖寧。攖寧也者，攖而後成者也。

此爲道之序以個體爲主而觀乎諸物也。萬物之於感官，必先忘天下始能忘身。忘天下，必以己身不忘也，故忘物必由大而小，由外而內。所謂攖寧也者，言外物之死生成毀變化之亂，無擾寂靜也，此是爲道最高之現象。

物師道而行，與天冥合，此是爲眞人。

「且有眞人，而後有眞知，何謂眞人？古之眞人，不逆寡，不雄成，不謨士；若然者過而弗悔，當而不自得也。若然者登高不慄，入水不濡，入火不熱，是知之能登假於道也若此。古之眞人，其寢不夢，其覺無憂，其食不甘，其息深深。眞人之息以踵，眾人之息以喉，屈服者其嗌言若哇，其耆欲深者，其天機淺。古之眞人，不知說生，不知惡死，其出不訢，其入不距，翛然而往，翛然而來而已矣。不忘其所始，不求其所終，受而喜之，忘而復之，是之謂不以心捐道，不以人助天，是之謂眞人。」

眞人不僅應合於天，治世亦須順其自然。若有足者至於丘也。

「古之眞人，其狀義而不朋，若不足而不承，與乎其觚而不堅，張乎其虛而不華也。邴邴乎其似喜乎？崔乎其不得已乎？滀乎進我色也，與乎止我德也，厲乎其似世乎？謷乎其未可制也，連乎其似好閉也，悗乎忘其言也。以刑爲體，以禮爲翼，以知爲時，以德爲循。以刑爲體者，綽乎其殺也；以禮爲翼者，所以行於世也；以知爲時者，不得已於事也，以德爲循者，言其與有足者至於丘也，而人眞以爲勤行者也。」

不能師天道，則役於物。

「若狐不偕、務光、伯夷、叔齊、箕子、胥餘、紀他、申徒狄是役人之役，適人之適，而不自適其適者也。」能者，可獨得天厚。

「狶韋氏得之，以挈天地；伏羲氏得之，以襲氣母；維斗得之，終古不忒；日月得之，終古不息；堪坏得之，以襲崑崙；馮夷得之，以遊大川；肩吾得之，以處大山；黃帝得之，以登雲天……。」

現象永變，唯道不變；道之所適，無物不可化，生死亦然。

「特犯人之形，而猶喜之；若人之形者，萬化而未始有極也，其爲樂可勝計邪？故聖人將遊於物之所不得遯而皆存。」

「今一以天地爲大鑪，以造化爲大冶，惡乎往而不可哉？成然寐，蘧然覺。」

「子祀，子輿、子犂、子來四人相與語曰：『孰能以無爲首，以生爲脊，以死爲尻；孰知生死存亡之一體者，吾與之友矣。』四人相視而笑，莫逆於心，遂相與爲友。」

「孟孫氏不知所以生，不知所以死。不知就先，不知就後，若化爲物，以待其所不知之化己乎？」

道存於萬物。故法道，亦在知天命，樂天道。

「夫得者，時也；失者，順也。安時而處順，哀樂不能入也，此古之所謂縣解也。」

「吾思乎使我至此極者而弗得也，父母豈欲吾貧哉？天無私覆，地無私載，天地豈私貧我哉？求其爲之者而不得也。然而至此極者，命也夫？」郭注：「言物皆自然無爲之者也。」

（七）應帝王

精義：無心無為

系統：心虛無為──不踰真性──政通民化

郭注：「無心而任自化者，應為帝王也。」

無心而任自化，乃帝王之術也。

本篇喻六論一，論為應帝王之旨。

「無爲名尸，無爲謀府，無爲事任，無爲知主。體盡無窮，而遊無朕，盡其所受於天，而無見得，亦虛而已。至人之用心若鏡，不將不迎，應而不藏，故能勝物而不傷。」

郭注：「因物則物各自當其名也，使物各自謀也，付物使各自任；無心則物各自主其知也，因天下之自爲，故馳萬物而無窮也，任物故無迹，足則止也，見得則不知止，不虛則不能任羣實，鑒物而無情，來即應去即止，物來乃鑒，鑒不以心，故雖天下之廣而無勞神之累。」

言心虛無為，至人無勞神之窮也。

所喻均闡無心無為，天下可治之理。

「泰氏其臥徐徐，其覺于于，一以己爲馬，一以己爲牛，其知情信，其德甚眞，而未始入於非人。」

「遊心於淡，合氣於漠，順物自然而無容私焉，而天下治矣。」

「明王之治，功蓋天下，而似不自己，化貸萬物，而民弗恃。有莫舉名，使物自喜，立乎不測，而遊於無有者也。」

季咸見壺子之事，蓋以明無為而治，玄妙莫測，人不可窺其端倪。

儵與忽謀報渾沌之德，日鑿其一竅，七日而渾沌死。言踰越本性，必損傷天眞，以喻為政施巧，必違理敗德。

三、思想體系

內篇諸篇申義圓渾，條理不紊，而就逐篇聯貫論之，則體系之廣博，義理之精微，為諸子所少有。

莊子以自然為原，無為為歸。自然括精神，物質，精神重自由，物質重平等；此逍遙遊、齊物論之所論也。逍遙乃物性人性之豪邁不拘，亦莊生之所以浪漫跌宕，惟此非踰節，蓋逍遙亦依物性，循自然而起。齊物有無上道德之境界，宇宙渾一，物我不分，故由平等而涵萬物道德之義。（按非教條式道德觀）莊學以逍遙齊物為綱，而二者息息相關，不可缺一。有逍遙，無齊物，則失之幽詭而發散；有齊物，無逍遙，則失之刻板而凝滯。自養生主以下五篇，篇篇有逍遙齊物之精神，不可疏也。莊子形上學近於一元，然亦不略中國傳統入人生學，人生亦需倚持自然，養生主、人間世、德充符即闡個體適應自然之法。養生主言順性，人間世及德充符依順性而明處外以隱行，安內以充德之理。

凡學術思想，莫不求理論與現實之協調，莊子初申自然之哲理，自以社會政治為歸趨；個體之適應，亦以社會為環境，故大宗師，應帝王為莊子之治道。大宗師言若眞人，不役於物，使充養內聖之德；應帝王言無心任自化，乃為外王之道。此二篇之旨，在發社會政治無為之義。

內篇七篇，由自然主義而至無政府主義。其哲學基礎：由逍遙齊物論及形上，並括知識。養生主以後，則屬人生學之領域。

莊生於形上學之本質言萬物歸道，道原於一，而其思想體系亦由道而演繹，故似單元論（Monism）。然道非物（質）非氣，與希臘伊奧尼亞學派（Ionian School ot Philosophy）之自然哲學物質單元論者，有別也。

以本質性質觀之，莊子言自然之道與造物者同一，道之所存，物之所在。道為實體，無物不可化，是汎神論（Pantheism）思想也。且精神物質不偏不重，故又近一元論之中性論（Neutralism）。莊子同知與不知，其觀念為不可知，

亦若存疑主義（Agnosticism）者。

　　觀莊子之形上學，可悟與十七世紀西哲斯賓諾沙（Baruch Spinoza）相近。莊子之「道」，若斯氏之「本質」（Substance）然，均為萬有。而現象之變化乃本體中之運轉而已，亦為相類。且一元論與汎神論亦有所似焉，然二人相去二千載，知莊子之學，何其偉也。

　　知識論半出於逍遙遊、齊物論二篇，若樗木不才，齧缺問王倪、是非相同、和以天倪……等，均為對自然認識之觀念。

　　人生學，莊子則主無為、無欲、去知、天命、全生。可由上述各篇精義見知。

　　綜觀莊子之思想體系，可謂一大傑構。茲依圖表以明之焉。

莊子思想體系：

四、結　語

　　莊子內篇為莊子之崇岳，覽此七篇，莊子全貌，煥然可知。外雜諸篇雖義藻亦頗可睹，然有時洋洋萬言，不足闡內篇之一辭耳。且條理蕪亂，無絲可抽，故爰以內篇詳為剖之，而演其體系之完整。

　　向為老莊為中國形上學之祖，此玄學（姑名之）與泰西有不盡同者，蓋其理法不離中國人文思想之軌轍。秦漢以來，社會文化雖以儒家為正統；然就民間吏治而言，實以無為為本。是以可知，儒為禮制，道為施化；朝以儒術，野以道行。是故道家潛移默化於民里，與儒家薰教於皇闕，有表裡同工之妙。尤以莊子一書，理喻賅洽，素為世所重。（六朝雖老莊並宗，然莊子之行，猶為士林言行所尚，若阮籍獨好莊周。而後世學者，凡言子書，多先推莊子）夫莊子之教化與道德，與孔孟有別。逍遙遊言至人無己，齊物論言色味無正，其非教條主義者，審矣。故莊子融我忘我，詎知天下之利祿奸邪哉。竊以為莊子之風範，頗類唐代之禪師然。

　　文心雕龍體性篇曰：「情動而言形，理發而文見」「氣以實志，志以定言，

吐納英華，莫非情性」。夫莊生之氣也，圓妙而周密，茫茫乎若覆天仙衣，而無縫可尋；故其為文也，瑰麗而自然，飄飄乎若行雲流水，而莫辨其原。竊以為內篇逍遙、齊物二篇，乃冠冕先秦之散文也。

　　歷來，治莊子者，以考據居多，或治其義理者，亦依形上、知識、人生，或社會政治之目而論之。若逐篇而貫之者，鮮矣。筆者不敏，妄自強之，於心惶惶，恐流淺陋，而貽笑於大方之家，則不免於河伯之歎耳。（壬寅仲夏）

　　　　　一九六三年三月一日台灣師大國文系刊（文風）第二期

附錄二：史記老莊與申韓合傳之探源

莊萬壽

一、列傳之序列

　　太史公報任少卿書云：「蓋文王拘而演周易；仲尼厄而作春秋；屈原放逐，乃賦離騷；左丘失明，厥有國語；孫子臏腳，兵法修列；不韋遷蜀，世傳呂覽；韓非囚秦，說難孤憤；詩三百篇，大抵聖賢發憤之所爲作也。」則史百三十，亦乃史公償辱之所欲言也。故又曰：「此人皆意有所鬱結，不得通其道，故述往事，思來者。」是以史公之作，託意不能不察。

　　觀史記表、本紀、書、世家、列傳五體，最能發舒作者之主觀者，莫過於列傳，蓋表、書既格於形式，本紀、世家亦皆載帝王諸侯國元勳之史事，取舍自不可主觀任意，惟有列傳言忠臣烈士之事，諸多性格之表現，最足擒佈作者之意也。

　　故列傳七十，篇篇之序，頗有深義，若以伯夷爲列傳之首是也。予以馬遷擇列傳之首時，既不能不取其時間之最早者，又不能不顧及足以揚廉潔忠貞、恤落魄不寓之精神，則伯夷兼有此二，故伯夷事雖不詳焉，史公亦取之。而發其論邪。

　　而每篇之組合，依人數分：有別傳（個人傳）、合傳（取二人以上之性質相同者），以性質分：有將相傳、士庶傳、四夷傳、雜傳。雜傳所以不歸入合傳或別傳者，竊以爲有二意：一、該人之於國家政教經濟之地位比之個人之事跡叙述重要，如循吏、酷吏、龜策、貨殖等傳。二、史公有意諷喻者，如刺客、游俠、佞幸、滑稽等傳。

　　篇之序列，概以時間爲依，然四夷傳、雜傳排列殊難，致趙翼以爲史公

隨得隨編，其曰：

> 史記列傳次序，蓋成一篇即編入一篇，不待撰成全書後，重爲排比。
> 故李廣傳後，忽列匈奴傳，下又列衞青傳，朝臣與外夷相次，已屬
> 不倫，然此猶曰，諸臣事皆與匈奴相涉也。公孫弘傳後，忽列南越
> 東越朝鮮西南夷等傳，下又列司馬相如，相如之下，又列淮南衡山
> 王傳，循吏後忽列汲黯鄭當時，儒林酷吏後又忽入大宛傳。其次第
> 皆無意義，可知其隨得隨編也。（《廿二史剳記》卷一）

實七十篇中，自五十二篇以上大抵皆合時序。趙氏之言非也。

（一）伯夷第一至刺客第二十六，先秦人。

（二）李斯第二十七、蒙恬第二十八，秦人。

（三）張耳、陳餘第二十九至田儋田橫第三十四，楚漢人。

（四）樊、酈、夏、灌第三十五至吳王濞第四十六，高惠文景人。（扁鵲
　　　倉公第四十五，倉公爲文帝時人，扁鵲雖爲春秋鄭人，然可以倉
　　　公之附視之，蓋同醫方也。）

（五）竇嬰、田蚡、灌夫第四十七至公孫弘、主父偃第五十二，孝武人。
　　　（匈奴第五十，或爲後人所挪前，或子長以匈奴與李廣、衞、霍
　　　最密，而置其間。）

自南越尉佗列傳第五十三後，序列遂亂，依史記考索稱，竄亂之跡有四：

（一）據漢書遷傳匈奴列傳在衞將軍驃騎列傳平津侯主父列傳之後。

（二）司馬相如列傳贊，引揚雄語，顯爲後人補作。

（三）汲鄭列傳，史記探源列舉三證，明爲據漢書張馮汲鄭列傳竄入，
　　　其取翟公之語以爲傳贊，而繼言汲鄭亦云，尤可怪。

（四）大宛列傳自索隱始，已知爲馬遷之殘闕，而褚先生之所補。

故知列傳後半之次序，實經後人之竄改而成者，然篇之組合，殊有不可
解者。張文虎札記論魯仲連鄒陽列傳云：「此史公合傳之最不可解者。自序云，
能設詭說，解患於圍城，輕爵祿，樂肆志，以論仲連似矣，何與於鄒陽？陽
之可取在諫吳王，今反不載其書，班書載之，與賈山枚乘路溫舒同傳，斯勝
史公矣。」

他若老莊與申韓合傳，孟軻、淳生髡、慎到、騶奭、荀卿之同傳（雖爲
齊稷下士，道不同也），汲黯與鄭當時之合傳，均有欠妥。而合傳與別傳之抉
擇，亦無準繩（與篇文長短無關），屈原賈誼可以同傳，惡不能商君與李斯合

傳？人不解其意，亦序列之瑕也。

二、合傳之探源

（一）老子與莊子

老子爲虛無縹緲之人物。春秋戰國時，道者諸多埋名隱姓於山林市井之中，不問俗事，恬淡爲生，如論語之晨門者荷蕢者文人者均是若輩，故道家既無代表人，亦無眞正著作。老子爲一老隱者之意思，或一代名之通稱，亦未可知。若漢書藝文志載老子鄰氏經傳四篇，老子傅氏經說三十七篇，老子徐氏經說六篇，劉向說老子四篇，或老成子十八篇，諒非一人一時之作。故二千年前之司馬遷已不知老子爲何許人也，子長先言李耳，又稱老萊子（按漢志有老萊子十六篇）及太史儋均或爲老子，頗撲朔迷離，今人非再有新史料發見或出土，此中國學術史之大懸案，爭辯雖烈，終難解決。

莊子與老子不同時地，惟確有其人其事，雖同爲道家之正統，然莊子既非私淑老子，學亦不本老子（或曰道德經在莊子後，而孔子適周所問禮之老子必在莊前），若於道之觀點與老子頗相逕庭，而所說之輕重，亦多異趣，如齊物爲莊學二環樞之一，老子庶幾無言（以今本老莊二書言），馬遷爲增益老莊之密切，謂莊子曰：「其要本歸於老子之言」，若曰思想相類則可，若曰歸本則過矣。蓋馬遷當時所能閱之老莊二書與今本相去無多（韓非子、莊子、尹文子所引老聃言與今本雖字句有別，大體無差；史公引楚威王迎莊子爲相事，與今本秋水篇微別而已，況外篇多爲後僞作或纂易，更足證明漢本與今本相似），吾人覽莊子未見有申老言之意，不知司馬子長本於何處。

雖然，亦不足詬病史公也，以老莊合傳，終爲自然合理之法矣。

（二）申韓法術之淵源

夫老莊合傳可，申韓合傳可，老莊與申韓合傳則不可也。然史公非戇，必有合傳之依據，予按列傳覓出其爪跡，乃「申子之學，本於黃老」「韓非者……而其歸本於黃老」二句，爲老莊與申韓繫聯之裙帶，此句法與言莊子相同，知史公所必說明者。

茲將申子韓子分述如左，而探其學術淵源是否與老莊相關。

甲、申不害

史記列傳：「申不害，京人也。故鄭之賤臣，學術以干韓昭侯，昭侯用爲

相，內修政教，外應諸侯，十五年，終申子之身，國治兵疆，無侵韓者。」

史記韓世家：「昭侯八年，申不害相韓，脩術行道，國內以治，諸侯不來侵。」

論衡：「韓用申不害，行其三符，兵不侵境，蓋十五年。其後不能用之，又不察其書，兵挫軍破，國並於秦。」

申子生於鄭，鄭君乙二十一年，韓哀侯滅鄭，韓徙都於鄭，經二十餘年，申子始相韓，共歷十五年。申子曾爲鄭臣，此時年歲必大，故其思想不能不察其故國鄭。

鄭素有法治與刑法思想，若言法術則子產，言刑名則鄧析。

魯昭公六年，鄭子產鑄刑書於鼎，蓋鄭之公族侈汰，斷獄不平，輕重失中，子產出此令，所以教世也。

魯定公九年，鄭駟歂殺鄧析而用其竹刑，鄧析爲鄭刑名之學者，操兩可之說，設無窮之辭，學訟興獄，使民讙然，故駟歂殺之，而民心乃服，是非乃定，法律乃行。竹刑係鄧析所私造刻於竹簡之刑書也。析雖被殺，鄭國猶用其法。

故申子之思想與鄭之法治無不相關，且史策所載，並無與道家有瓜葛之處。

乙、韓　非

史記列傳謂：「非爲人口吃，不能道說，而善著書，與李斯俱事荀卿，斯自以爲不如非，非見韓之削弱，數以書諫韓王，韓王不能用。」

韓非既事荀卿，與其同學歸於黃老，毋寧曰本於孔儒，韓非雖不以仁愛而以法術治民，然修政愛民之道則一。荀子主實用正名，韓非亦未免受影響，而史公所本者，在韓非亦言無爲虛靜，然不能以此而括言乃歸本黃老，蓋學術殊途而同歸，春秋戰國諸子鳴放，雖咸騁驥於千里，亦難免旁涉互牽之處。四庫全書謂尹文子云：「其書本於名家者流，大旨指陳治道，欲自處於虛靜，而萬事萬物，則一一綜核其實，故其言出於黃老申韓之間。」（予按清魏源論老子三曰：「漢宣始承黃老，濟以申韓。……惟孔明澹泊寧靜，法制嚴平，似黃老非黃老，手寫申韓教後主，而實非申韓。」知黃老申韓得並行也）

今本尹文子皆名法之言，而漢志列爲名家，梁任公以爲別墨之緒，知學術並無明界也。

思想之淵源，非學於道，則言道；學於儒，則言儒。然有影響亦不能非

也。今申韓非學於老莊而近刑法也明矣。而所言亦非老莊而爲法術，其與老莊之關係可以知矣。

（三）黃老解

黃老，乃黃帝老子也，黃帝其時茫茫不知，曰無形象文字，安知是誣？黃老所以合稱，蓋戰國或秦漢之際，方士或神仙家捏出黃帝，而與老子同列，並託其名著書，漢書藝文志載道家有黃帝四經四篇，黃帝銘六篇，黃帝君臣十篇，雜黃帝五十八篇，今均不傳。

故漢初無爲之治，黃老一詞，極爲時尚，實黃老亦僅代表清靜無爲遁世之廣義，或與儒術相對而已。

史記武帝本紀：「竇太后治黃老，言不好儒術。」

史記田叔傳：「叔喜劍，學黃老術于樂巨公所。」

漢書曹參傳：「膠西有蓋公，善治黃老言。」

漢書汲黯傳：「黯學黃老言，治官民好清靜。」

漢書竇田灌韓傳：「竇太后好黃老言，而嬰蚡等務推儒術，貶道家言，是以竇太后滋不悅。」

漢書楚元王傳：「少修黃老術，有智略。」

後漢書矯慎傳：「慎少學黃老，隱遁山谷，因穴爲室。」

故馬遷言申韓本黃老，亦僅泛稱而已，非是指道家或黃帝老子之學。

（四）道家思想影響申韓學說之剖析

蓋申韓之出也，乃近戰國末年，諸子之學，已齊放於前，故申韓之學有擷采先人之諸說，實爲自然，茲就受道家思想影響之處分而析之。

甲、申子

申不害有書申子，史記列傳曰著書二篇，漢志曰申子六篇，篇數不類，未悉，書均未存。惟於呂氏春秋，群書治要、韓非子、藝文類聚，可窺其輯文或思想。大體篇曰：

> 故爲主者，倚於愚，立於不盈，設於不敢，藏於無事；竄端匿疏，
> 示天下無爲。是以近者親之，遠者懷之。示人有餘者，人奪之；示
> 人不足者，人與之。剛者折，危者覆，動者搖，靜者安。名自正也，
> 事自定也，是以有道者，自名而正之，隨事而定之也。……鏡設精
> 無爲，而美惡自備；衡設平無爲，而輕重自得，凡因之道，身與公

無事，無事而天下自極也。（群書治要）

申子曰「至智棄智，至仁忘仁，至德不德，無言無思，靜以待時，
時至而應，以暇者勝；凡應之理，清淨公素而正始卒焉。此治紀無
唱有和，無先有隨。古之王者，其所爲少，而其所因多。因者，君
術也。爲者，臣道也。爲則擾矣，因則靜矣，因冬爲寒，因夏爲暑，
君奚事哉？故曰：君道無知無爲，而賢於有知有爲，則得之矣」（呂
氏春秋任數篇）

則申子取道家之義，乃法術既由臣下任行，人君宜無爲無事，故老子曰：「道常
無爲，而無不爲，侯王若能守之，萬物將自化。」（三十七）又曰：「我無爲而
民自化，我好靜而民自正，我無事而民自富，我無欲而民自樸。」（五十七）

惟道家主上下無爲，利器不用，而法家所以上無爲者，乃臣執法術而行
於下之故也。

申子之言，留世甚少，無復多論。

乙、韓非子

漢書藝文志法家韓子五十五篇，隋書經籍志子部法家韓子二十卷，悉數
留今，便以可從全書研究道家思想之全貌。

韓非子中不惟道家思想散見諸篇，且以解老、喻老二篇專論老子，此立
文專論一家之作，誠爲諸子中所未見，亦可睹道家對老子重視之一斑，而所
執態度亦與眾不同，韓非於顯學篇諷刺儒墨，於定法篇鄙視申商，於難勢篇
詬病愼子，於難三篇微辭管子。而獨未譏老子，則其態度可知。

道家思想之中心於主道篇可窺出：

故虛靜以待令，令名自命也，令事自定也。虛則知實之情，靜則知
動者正。……故有智而不以慮，使萬物知其處，有行而不以賢，觀
臣下之所因，有勇而不以怒，使群臣盡其武，是故去智而有明，去
賢而有功，去勇而有強，群臣守職，百官有常，因能而使之，是謂
習常。故曰寂乎其無位而處，漻乎莫得其所，明君無爲於上，群臣
竦懼乎下，明君之道，使智者盡其慮，而君因以斷事，故君不窮於
智。賢者敕其材，君因而任之，故君不窮於能。有功則君有其賢，
有過則臣任其罪，故不窮於名。是故不賢而爲賢者師，不智而爲智
者正，臣有其勞，君有其成功，此之謂賢主之經也。

皆言人主明智而無爲，使臣有爲而任事也。又曰：

> 人主之道，靜退以爲寶，不自操事，而知拙與巧；不自計慮，而知
> 福與咎。是以不言而善應，不約而善增，言已應則執其契，事已增
> 則操其符；符契之所合，賞罰之所生也。故群臣陳其言，君以其言
> 授其事，事以責其功，功當其事，事當其言，則賞；功不當其事，
> 事不當其言，則誅。

亦言人主之道，以靜退爲寶，而後臣下爲法治之賞罰也。有度篇亦言：

> 夫爲人主，而身察百官，則日不足，力不給。且上用目，則下飾觀；
> 上用耳，則下飾聲。上用慮，則下繁辭，先王以三者爲不足，故舍
> 己能，而因法數，審賞罰。先王之所守要，故法省而不侵，獨制四
> 海之內。聰智不得用其詐，險躁不得關其佞，姦邪無所依，遠在千
> 里外，不敢易其辭；勢在郎中，不敢蔽善飾非，朝廷群下，直湊單
> 微，不敢相踰越，故治不足而日有餘，上之任勢使然也。

謂人主應舍己能，而因法數賞罰，故能獨制四海之內，千里之外也。

　　韓非反孝悌、忠順、仁愛、賢智，雖道家亦是，然道家乃爲淨心除欲而
取消此道德之問題。韓非則以法術反之。二家大不相同。韓非忠孝篇：

> 天下皆以孝悌忠順之道爲是也。而莫知察孝悌忠順之道而審行之，
> 是以天下亂。皆以堯舜之道爲是而法之，是以有弒君，有曲父。堯
> 舜湯武，或反君臣之義，亂後世之教者也，堯爲人君而君其臣，舜
> 爲人臣而臣其君，湯武爲人臣而弒其主，刑其尸，而天下譽之，此
> 天下所以至今不治者也。

五蠹篇：

> 今儒墨皆稱先王兼愛天下，……今先王之愛民不過父母之愛子，子
> 未必不亂也，則民奚遽治哉！且夫以法行刑而君爲之流涕，此以效
> 仁，非以爲治也。夫垂泣不欲刑者仁也。然而不可不刑者法也。先
> 王勝其法，不聽其泣，則仁之不可以爲治亦明矣。

忠孝篇又曰：

> 是廢常上賢則亂，舍法任智則危，故曰上法而不上賢。

故知賢智雖非法家所棄，若無法，則寧廢賢也。

　　解老喻老二篇，無不儘以法家觀念詮釋。解老爲以史事比喻而釋道德經
文，茲將二篇有法家思想之處分條舉出。

　子、解老

－157－

解道德經文凡三十八、五十八、五十九、六十、四十六、十四、一、五十、六十七、五十三、五十四（依文序）共十一章，或舉全章或數句不等。

1. 「所謂光者，官爵尊貴，衣裘壯麗也。」（五十八，「光而不耀」。）與王弼注：「以光鑑其所以迷，不以光照求其隱匿也」之旨趣不同。

2. 「狂則不能免人間法令之禍。」（五十九）

3. 「所謂有國之母，母者，道也；道也者，生於所以有國之術；所以有國之術，故謂之有國之母。……故曰有國之母，可以長久。」（五十九）

4. 「工人數變業則失其功，作者數搖徙則亡其功。一人之作，日亡半日，十日則亡五人之功矣；萬人之作，日亡半日，十日則亡五萬人之功矣。然則數變業者，其人彌眾，其虧彌大矣。凡法令更則利害易，利害易則民務變，民務變謂之變業。故以理觀之，事大眾而數搖之，則少成功；藏大器而數徙之。則多敗傷；烹小鮮而數撓之，則賊其宰；治大國而數變法，則民苦之。是以有道之君，貴虛靜而重變法，故曰：治大國者若烹小鮮。」（六十）

此段意最明，故全錄之。

5. 「夫內無痤疽癉痔之害，而外無刑罰法誅之禍者，其輕恬鬼也甚，故曰：以道莅天下，其鬼不神。……民犯法令之謂民傷上，上刑戮民之謂上傷民，民不犯法則上亦不行刑，上不行刑之謂上不傷人。故曰：聖人亦不傷民。上不與民相害，而人不與鬼相傷。故曰：兩不相傷。民不敢犯法，則上內不用刑罰，而外不事利其產業；上內不用刑罰，而外不弗利其產業，則民蕃息；民蕃息而蓄積盛。民蕃息而蓄積盛之謂有德。」（六十）

6. 「事上不忠，輕犯禁令，則刑法之爪角害之。……故曰：陸行不遇兕虎。」（五十）

7. 「故萬物必有盛衰，萬事必有弛張，國家必有文武，官治必有賞罰。……是以舉之曰：儉故能廣。」（六十七）

8. 「聖人盡隨於萬物之規矩，故曰：不敢爲天下先。」（六十七）

9. 「朝甚除也者，獄訟繁也。」（五十三）

按王弼注：「朝，宮室也；除，潔好也。」言宮室潔美也。韓非之解甚強。

丑、喻老

喻老引老子凡四十六、五十三、二十六、三十六、六十三、六十四、五十二、七十一、六十四、四十七、四十一、三十三、二十七（依文序）共十三章，內五十二章「守柔曰強」，與七十一章「聖人之不病，以其不病，是以無病」相混喻之。六十四章又分二段喻之。

本篇之史事，諸多以國家利害鬥爭為喻，故道家之趣已闇，法家之意甚顯。茲舉一例明之：

> 勢重者，人君之淵也。君人者，勢重於人臣之間，失則不可復得也。簡公失之於田成，晉公失之於卿，而邦亡身死。故曰：魚不可脫於深淵。賞罰者，邦之利器也。在君則制臣，在臣則勝君。君見賞，臣則損之以為德；君見罰，臣則益之以為威。人君見賞，而人臣用其勢；人君見罰，而人臣乘其威。故曰：邦之利器，不可以示人。（三十六）

按內儲說下六微第三十一亦有解「國之利器，不可以示人」意相似。

以上二篇，或以為後人偽作，然必在馬遷之前，蓋韓非子一書，乃非歿後，其徒收拾編次而成帙者，若有闌入他著，亦必在漢初。則亦無妨馬遷之所依據也。

（五）老莊與申韓思想理論之比較

夫老子思想曰道曰自然，莊子亦曰道，道分自由逍遙，平等齊物。申韓所本亦有自然之道也。

老子曰：「道生之，德畜之，物形之，勢成之，是以萬物莫不尊道而貴德（五十一）

莊子曰：「彼是莫得其偶，謂之道樞；樞始得其中，以應無窮，是亦一無窮，非亦一無窮也。」（齊物論）

韓非曰：「道者，萬物之始，是非之紀也，是以明君守始以知萬物之源，治紀以知善敗之端。」（主道）

（按老子曰：「能知古始，是謂道紀。」）

道法所本一也。然觀念歧異，自然之發展軌道，道家以為無為，法家以為法度也。

自由之思想，法家無之。（其時有富國強兵之策而無國家自由之觀念）。韓非重法去私，無容個人之自由。其曰：「立法令者以廢私也，法令行而私道

廢矣；私者，所以亂法也。」而道家擯斥法度，自無廢私之言。旨趣既異，莊子之自由觀，誠難與法家共喻。

言較自由，不如言平等。莊子之「天地一指也，萬物一馬也。」乃萬物絕對之平等，法家非重平等，然爲行法，故不能不同貴賤智愚。若商君亦不免作繭自縛之禍也。

韓非言之甚明，有度篇曰：

> 法不阿貴，繩不撓曲。法之所加，智者弗能辭，勇者弗敢爭。刑過不避大臣，賞善不遺匹夫。故矯上之失，詰下之邪，治亂決繆，絀羨齊非，一民之軌，莫如法；屬官威民，退淫殆，止詐僞，莫如刑。刑重則不敢以貴易賤，法審則上尊而不侵，上尊而不侵則主強而守要，故先王貴之而傳之。人主釋法用私，則上下不別矣。

道家言治道幽柔靜虛，其弊易流於陰謀權術，法家之術，實有是觀。如韓非喻老篇喻老子微明之意曰：

> 越王入宦於吳，而觀之伐齊以弊吳。吳兵既勝齊人於艾陵，張之於江濟，強之於黃池，故可以制於五湖，故曰：將欲翕之，必固張之，將欲弱之，必固強之。晉獻公將欲襲虞，遺之以璧馬，知伯將襲仇由，遺之以廣車。故曰：將欲取之，必固與之，起事於無形，而要大功於天下，是謂微明。

此與王弼注微明以去亂除強之意，大相異趣。

師大國文系刊一九六三年六月一日台灣文風三期

後　記

　　予先言史記列傳之序列，在明太史公編作之旨也。老莊與申韓合傳，史公有意，非後人之竄編，自可斷言。然雖史公有獨見焉，竊以為不如分傳為二，惟千古定論，莫之易也。是傳以老子為主，莊申韓為輔；非老莊為主，申韓為輔，蓋史公之意也。予素習老莊佛釋，去夏學於滁縣巴壺天教授，相語齊物，忽曰：「老莊與申韓合傳，以齊物故也。」雖未皆然，未嘗非存心此端之機也。前日芹庭兄催稿（按徐芹庭教授時為師大國文系刊《文風》編輯）甚急，雖稍有腹案，然四日之作，必不免於譾陋。若日後天能假以時日，願為史記考訂之嘗試，亦吾儕年少之一樂也。（癸卯孟夏月慈母（1963 年 5 月）六五華誕日誌）

　　（附錄一、二之所論，今已有不同看法，但亦足以反映年輕人的思考與
　　　風格）